Erfolgreiche Portalprojekte mit SAP NetWeaver Portal: Konzeption, Aufbau und Betrieb

Boris Otto, Sven Winkler, Jörg Wolter

Inhalt

Vorwort 5

1 Einleitung 7
- 1.1 Portalbegriff 7
- 1.2 Klassifikationsmerkmale für Portale 7
  - Zuordnung zu Informationssystemklassen 8
  - Funktionaler Schwerpunkt 8
  - Zielgruppe 9
  - Ausrichtung an der Wertschöpfungskette 10
  - Offenheit 10
- 1.3 Marktübersicht 10
- 1.4 Stand der Anwendung 11
- 1.5 Erfolgsfaktoren 11

2 Portalstrategien: Unternehmensportale nachhaltig im Zielsystem des Unternehmens verankern 13
- 2.1 Motivation für eine Portalstrategie 13
  - Strategische Dimension des Portaleinsatzes 13
  - Chancen und Risiken 13
  - Strategische Wirkungsrichtungen 14
  - Prozess der Strategieentwicklung 14
- 2.2 Ableitung einer Vision für das Portal 15
- 2.3 Integration in die Geschäftsstrategie 16
  - Funktionale und technologische Ebene 16
  - Zentrale und dezentrale Wirkrichtung 16
  - Steuerungsinstrument Preispolitik 17
  - Zielsystem 17
- 2.4 Integration in die IT-Strategie 17
  - Konkretisierung der IT-Strategie 18
  - Rolle des Portals 18
  - Konkretisierung der Gestaltungsebenen 19
- 2.5 Ableitung einer Portal-Roadmap 19
  - Planungsebenen 19
  - Ebene 1: Langfristige Roadmap 20
  - Ebene 2: Prozesse und Projekte 21
  - Ebene 3: Technologische und funktionale Portalentwicklung 21
  - Ebene 4: SAP-Entwicklungsplanung 22
- 2.6 Steuerungsstrategien 22
  - »Hierarchie vs. Markt« 22
  - Impulsgeber des Unternehmensportals 23
- 2.7 Zusammenfassung 24

3 Business Case: Nutzendimensionen identifizieren und bewerten 25
- 3.1 Nutzenbegriff und Nutzendimensionen 25
- 3.2 Nutzenidentifikation 26
  - Merkmalspaare zur Nutzenidentifikation 26
- 3.3 Methoden der Nutzenberechnung 28
- 3.4 Erfolgsfaktoren für die Praxis 29
  - Interpretation des Einzahlungsstroms 29
  - Schneeballeffekt 29
  - Baseline-Effekt 29
  - Anrechenbarkeit des Nutzens 30
  - Zeit der Nutzenrealisierung 30
  - Steigender Grenznutzen 30
  - Kostenrechnerische Erfassung 30
  - Skalierung 30
- 3.5 Vorgehensmodell 31
  - SAP Portal Value Profiler 31

Vorgehensweise und Methodik ... 31
Ergebnisse ... 32
3.6 Kostenmanagement ... 33
3.7 Zusammenfassung ... 33

4 Programm-Management für Portale: Governance-Strukturen entwickeln und Prozesse etablieren ... 35
4.1 Motivation des Programm-Managements ... 35
4.2 Programm- und Linienorganisation ... 35
4.3 Funktionen des Programm-Managements für Portale ... 36
Strategische Funktionen ... 37
Operative Funktionen ... 37
4.4 Strategische Funktionen ... 38
Verankerung in der Unternehmensorganisation ... 38
Geschäftsmodell für das Portalprogramm ... 39
Portfoliomanagement ... 41
Governance-Modell ... 41
Langfristiger Roll-out-Plan ... 43
Controlling für Portalprogramme ... 44
4.5 Operative Funktionen ... 45
Aufbauorganisation ... 46
Ablauforganisation ... 47
Rollenmodell ... 51
4.6 Zusammenfassung ... 52

5 Service-Engineering: Leistungsangebote entwickeln und vermarkten ... 53
5.1 Enterprise Services ... 53
Webservices im Überblick ... 53
Enterprise Services Architecture ... 54
5.2 Service-Engineering als Prozess ... 54
5.3 Servicedefinition ... 55
Ideenfindung ... 55
Ideencluster ... 56
Ideenbewertung ... 57
5.4 Servicedesign ... 57
Anforderungsanalyse ... 58
Design ... 58
Serviceentwicklung ... 59
Leistungsverrechnung ... 60
Testphase ... 61
Serviceeinführung ... 61
5.5 Servicemanagement ... 62
Serviceerbringung ... 62
Evaluation und Controlling ... 63
Ablösung ... 63
5.6 Zusammenfassung ... 63

6 SAP NetWeaver Portal: Technologien verstehen und Architekturen konzipieren ... 65
6.1 SAP NetWeaver und SAP NetWeaver Portal ... 65
6.2 IT-Practices ... 66
6.3 Architekturausprägungen ... 67
Funktionalität ... 68
Non-funktionale Anforderungen ... 68
Integrationsgrad ... 68
Entwicklungs- und Integrationstechnologien ... 68
Unterstützung komplexer Portallandschaften ... 68
Systemlandschaft ... 69
Architekturdesign ... 69
6.4 Zusammenfassung ... 69

7 Change Management: Akzeptanz fördern und Reichweite maximieren ... 71
7.1 Erfolgsfaktoren ... 71
1. Erfolgsfaktor: Gemeinsame Orientierung schaffen ... 71
2. Erfolgsfaktor: Überzeugung herstellen ... 71
3. Erfolgsfaktor: Befähigung sicherstellen ... 72
4. Erfolgsfaktor: Einheitliche Projektwahrnehmung sicherstellen ... 72
5. Erfolgsfaktor: Ergebnisse erfahrbar machen ... 73
6. Erfolgsfaktor: Nachhaltigkeit der Veränderung sicherstellen ... 73

7.2 Strategiedefinition ... 73
Handlungsfeld 1: Change Management im Programm verankern ... 73
Handlungsfeld 2: Change-Management-Analyse durchführen ... 74
Handlungsfeld 3: Change-Management-Konzept entwickeln ... 75
Handlungsfeld 4: Change-Management-Maßnahmen durchführen ... 75
Handlungsfeld 5: Change-Management-Controlling durchführen ... 75
7.3 Projektphasen und Methoden ... 76
Projektphasen ... 76
Methoden und Instrumente ... 76
7.4 Kommunikation ... 77
Kommunikation der Veränderungen ... 77
Befähigung zur Kommunikation ... 78
7.5 Zusammenfassung ... 79

8 Ausblick: Trends erkennen und adaptieren ... 81
8.1 Herausforderungen der Zukunft ... 81
8.2 Roadmap von SAP ... 82

A Literatur ... 85

Index ... 87

Vorwort

Portale gehören zu den derzeit wichtigsten Integrationstechnologien in Unternehmen. Sie zielen darauf ab, die Arbeitsabläufe zumeist aller Mitarbeiter im Unternehmen einfacher und produktiver zu gestalten. Geschäftsprozesse werden dorthin gebracht, wo der Mitarbeiter sie benötigt, und Informationen werden rollen- und aufgabengerecht aufbereitet. Dadurch steigt die Effizienz von Prozessen, und durch den übergreifenden Einsatz der Portaltechnologie im Unternehmen reduzieren sich die IT-Gesamtkosten.

Der Erfolg des SAP NetWeaver Portal ist ein eindrucksvoller Beleg für diese Entwicklung. Als Teil von SAP NetWeaver, der strategischen Technologie- und Infrastrukturplattform von SAP, erfüllt es die Anforderungen verschiedenster Nutzergruppen und verfügt gleichzeitig über die Flexibilität, schnell und einfach neue Einsatzszenarien zu realisieren. Außerdem ermöglicht es den Einstieg in die Enterprise Services Architecture (ESA), also einen serviceorientierten Zugriff auf Applikationen mit flexiblen Möglichkeiten, schnell eigene »Composite Applications« aufzubauen.

Vor dem Hintergrund dieser weitreichenden Dimension ist die sorgfältige technische Einbettung von SAP NetWeaver Portal in die Systemlandschaft eines Unternehmens die Grundlage für den Erfolg eines strategischen Portalprogramms. Die nachhaltige Wirksamkeit des Programms entfaltet sich jedoch nur, wenn Sie zudem die betriebswirtschaftlich-organisatorischen Voraussetzungen schaffen. Das umfasst die Entwicklung einer Portalstrategie, das Aufsetzen einer geeigneten Programmorganisation, die Erstellung eines belastbaren Business Case sowie die Transformation der strategischen Ziele über ein stringentes Change Management.

Das vorliegende SAP-Heft gibt Ihnen dazu wertvolle Leitlinien, die auf den praktischen Erfahrungen der Autoren aus zahlreichen Kundenprojekten basieren. Damit sorgen Sie für eine effiziente Konzeption und Einführung Ihres Unternehmensportals mit SAP NetWeaver Portal und stellen in Ihrem Unternehmen die Weichen für einen langfristig erfolgreichen Betrieb und zielgerichteten Rollout.

Sie sollten das vorliegende Heft lesen, wenn Sie sich als Entscheidungsträger über betriebswirtschaftlich-organisatorische Aspekte von Unternehmensportalen informieren möchten, oder wenn Sie als Projekt- oder Programm-Manager bzw. als Linienverantwortlicher mit dem Aufbau und Betrieb des SAP NetWeaver Portal betraut sind.

Ich wünsche dabei viel Spaß und viel Erfolg mit dem Einsatz von SAP NetWeaver Portal.

Dr. Jürgen Kreuziger
Senior VP Product Management & RIG
SAP NetWeaver
SAP AG

1 Einleitung

Unternehmensportale fungieren in Unternehmen als Integrationsplattform für Informationen, Anwendungen und Geschäftsprozesse und bilden damit ein zentrales Element zur Unterstützung der Arbeit für fast alle Mitarbeiter. Deswegen haben Unternehmensportale eine höhere strategische Bedeutung für ein Unternehmen als andere Informationssysteme, die lediglich innerhalb eines einzelnen Geschäftsbereichs oder zur Unterstützung eines einzelnen Geschäftsprozesses eingesetzt werden.

Dieses Kapitel gibt Ihnen einen Überblick darüber, was unter einem Unternehmensportal zu verstehen ist und welche unterschiedlichen Ausprägungsformen es gibt. Anschließend wird vorgestellt, welchen Durchdringungsgrad Portale in Unternehmen erreicht haben, bevor die wesentlichen Erfolgsfaktoren herausgearbeitet werden, die Sie bei der Konzeption, beim Aufbau und der Weiterentwicklung Ihres SAP NetWeaver Portal beachten sollten.

1.1 Portalbegriff

Die Begriffe »Portal« bzw. »Unternehmensportal« sind nicht eindeutig definiert. Es existiert aber eine Vielzahl unterschiedlicher Anwendungen in Unternehmen, von Technologieplattformen bis hin zu Softwarepaketen, die als Portal bezeichnet werden. Zunächst hat das mit der Tatsache zu tun, dass eine große Nachfrage nach Unternehmensportalen herrscht und dem Thema insgesamt großes Interesse entgegengebracht wird. Vereinfacht gesagt: Fast alle Informationssystemklassen sind derzeit mehr oder minder mit dem Begriff »Portal« assoziiert. Darüber hinaus ist die Problematik, eine klare Definition für den Portalbegriff zu finden, jedoch vielschichtiger.

Zudem vereint ein Portal typische Eigenschaften sowohl eines klassischen Anwendungssystems, das zur Abdeckung spezifischer fachlicher Anforderungen eingesetzt wird, als auch Eigenschaften einer Infrastruktur, die gewisse Basisdienste zur Verfügung stellt, die nicht auf einzelne Fachbereiche begrenzt sind. Ein Portal lässt sich nicht eindeutig einer Klasse von Informationssystemen zuordnen, was eine klare Definition erschwert.

Aufgrund der Vielschichtigkeit des Portalbegriffs ist es sinnvoll, eine differenzierte Form der Begriffsdefinition vorzunehmen. Dazu wird hier zunächst in knapper Form dargestellt, wie der Begriff in der Wissenschaft definiert ist, um anschließend anhand mehrerer Klassifikationsmerkmale die Ausprägungen von Portalen in der praktischen Anwendung zu erläutern.

Nach Auswertung unterschiedlicher Vorschläge zur Begriffsdefinition lässt sich ein Portal wie folgt beschreiben (vgl. Föcker und Lienemann, 2000; Großmann und Koschek, 2005; Gurzki und Öycan, 2003):

- »Ein Portal ist eine auf Webtechnologien basierende Applikation, die einen zentralen Zugriffspunkt auf personalisierte Informationen und bedarfsgerecht auf Dienste und Prozesse bereitstellt.«
- »Ein Unternehmensportal ist ein Portal für eine geschlossene Anwendergruppe, wobei zu den Anwendern die Mitarbeiter des Unternehmens, aber auch Kunden, Lieferanten und Geschäftspartner zählen können.«

1.2 Klassifikationsmerkmale für Portale

Diese allgemeine Definition für Portale wird durch die praktischen Ausprägungen verschiedener Klassifikationsmerkmale konkretisiert. Durch die Übertragung dieser Merkmale auf Ihren Anwendungsfall sind Sie in der Lage, den Einsatz Ihres SAP NetWeaver Portal präzise zu beschreiben. Diese Klassifikationsmerkmale werden in den folgenden Abschnitten beschrieben.

Zuordnung zu Informationssystemklassen
Ein Klassifikationsmerkmal von Portalen ist die bereits erwähnte Zuordnung zu einer Klasse von Informationssystemen. Unterschieden wird zwischen Portalen als:

- Applikation
- Infrastruktur

Häufig finden sich jedoch Mischformen beider Ausprägungen. In diesem Sinne fungiert ein Portal als Klammer für verschiedene bereits existierende bzw. zu entwickelnde Anwendungssysteme. Die Klammerfunktion wird von einzelnen Infrastrukturservices übernommen, zu denen z. B. eine zentrale Benutzerverwaltung, eine unternehmensweit einheitliche Benutzerauthentifizierung und eine gemeinsame Sicherheitsarchitektur gehören.

Darüber hinaus bieten viele Portale Services an, die über Basisfunktionalitäten hinausgehen und somit eine Anwendung darstellen. Ein Beispiel dafür ist Knowledge Management und Collaboration im SAP NetWeaver Portal. Solche Services können – in Kombination mit Infrastrukturservices oder Drittanwendungen – wiederum zur Entwicklung neuer Anwendungen verwendet werden.

Abbildung 1.1 stellt exemplarisch das Zusammenspiel von Anwendungs- und Infrastrukturservices dar.

Funktionaler Schwerpunkt
Hinsichtlich des funktionalen Schwerpunkts haben sich im Wesentlichen vier Kategorien herausgebildet:

- **Content-Portale**
  Im Vordergrund stehen die strukturierte Erstellung und Verwaltung von Inhalten, also z. B. von Unternehmensnachrichten, Arbeitsanweisungen und gesetzlichen Vorschriften. Oftmals entwickeln sich Content-Portale in Unternehmen aus früheren Intranetinitiativen heraus.
- **Collaboration-Portale**
  Die Zusammenarbeit innerhalb von und zwischen Arbeitsgruppen wird mit Collaboration-Portalen unterstützt. Charakteristisch ist die Nutzung so genannter *Collaboration Rooms*, also virtueller Arbeitsräume.
- **Integrationsportale**
  Das Portal wird vornehmlich als Integrationsplattform eingesetzt. Unterschiedliche Anwendungen werden über die Benutzungsschnittstelle integriert, also am Bildschirm.
- **Prozessportale**
  Das Portal unterstützt Geschäftsprozesse, wobei häufig klassische Anwendungen (z. B. mySAP ERP) mit Portalservices (z. B. Knowledge Management und Collaboration) gekoppelt werden.

Häufig bauen in der Praxis diese funktionalen Schwerpunkte aufeinander auf und bilden einzelne Phasen einer Portalstrategie (siehe Kapitel 2). Beispielsweise wird ein Unternehmensportal in der ersten Phase zur Ablösung und Konsolidierung verschiedener bestehender Intranetlösungen eingesetzt, anschließend wird über die Ergänzung weiterer Portaldienste ein Prozessportal aufgebaut (vgl. Grimm, 2004; Stelzer, 2004).

Diese Entwicklung bestätigen auch aktuelle Untersuchungen, wie in Abbildung 1.2 dargestellt ist. Mehrheitlich werden Unternehmensportale zur Unterstützung des Informations- und Wissensmanagements eingesetzt, was mit der in der Praxis häufig anzutreffenden Evolution eines Portals aus bestehenden Intranet-Initiaitven korrespondiert.

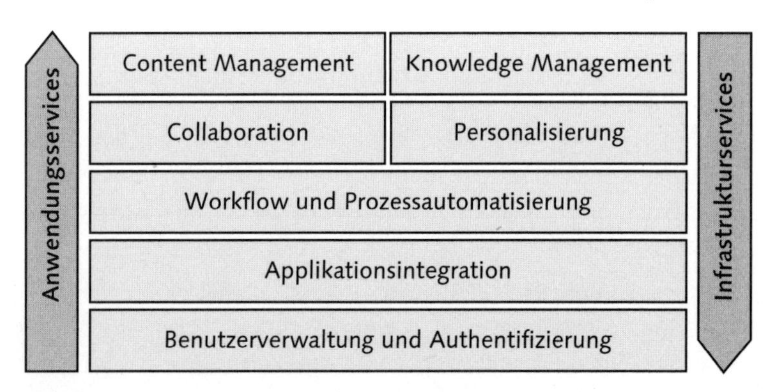

Abbildung 1.1 Anwendungs- und Infrastrukturservices von Portalen

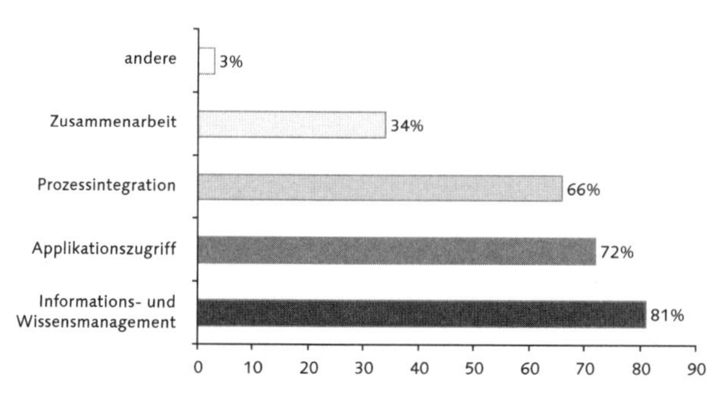

Abbildung 1.2 Funktionale Schwerpunkte von Portalen (Quelle: Binder & Company, 2005)

Zielgruppe

Ein Unternehmensportal kann drei verschiedene Zielgruppen adressieren, sodass sich folgende Ausprägungen ergeben:

- Kundenportale
- Mitarbeiterportale
- Lieferantenportale

Diese drei Ausprägungen lassen sich jeweils weiter untergliedern. So kann man beispielsweise bei Kundenportalen unterscheiden zwischen Portalen für Endverbraucher und Konsumenten und solchen für Geschäftskunden. Die Mitarbeiterzielgruppe lässt sich z. B. nach Führungskräften, Büroangestellten und Mitarbeitern in der Produktion kategorisieren. Ebenso lassen sich Lieferantenportale unterscheiden nach Portalen für strategisch wichtige Lieferanten und solchen für Lieferanten von C-Artikeln, also nicht produktionsrelevanten Materialien.

Diese differenzierte Unterscheidung ist notwendig, da sie Einfluss auf die Architektur Ihres SAP NetWeaver Portal hat. Beispielsweise hängt die Ausgestaltung der Sicherheitsarchitektur davon ab, welchen Nutzergruppen Sie Zugang zu Daten unterschiedlicher Sensibilität gewähren.

Die Kategorisierung von Portalen gemäß der Zielgruppe ist in Abbildung 1.3 dargestellt.

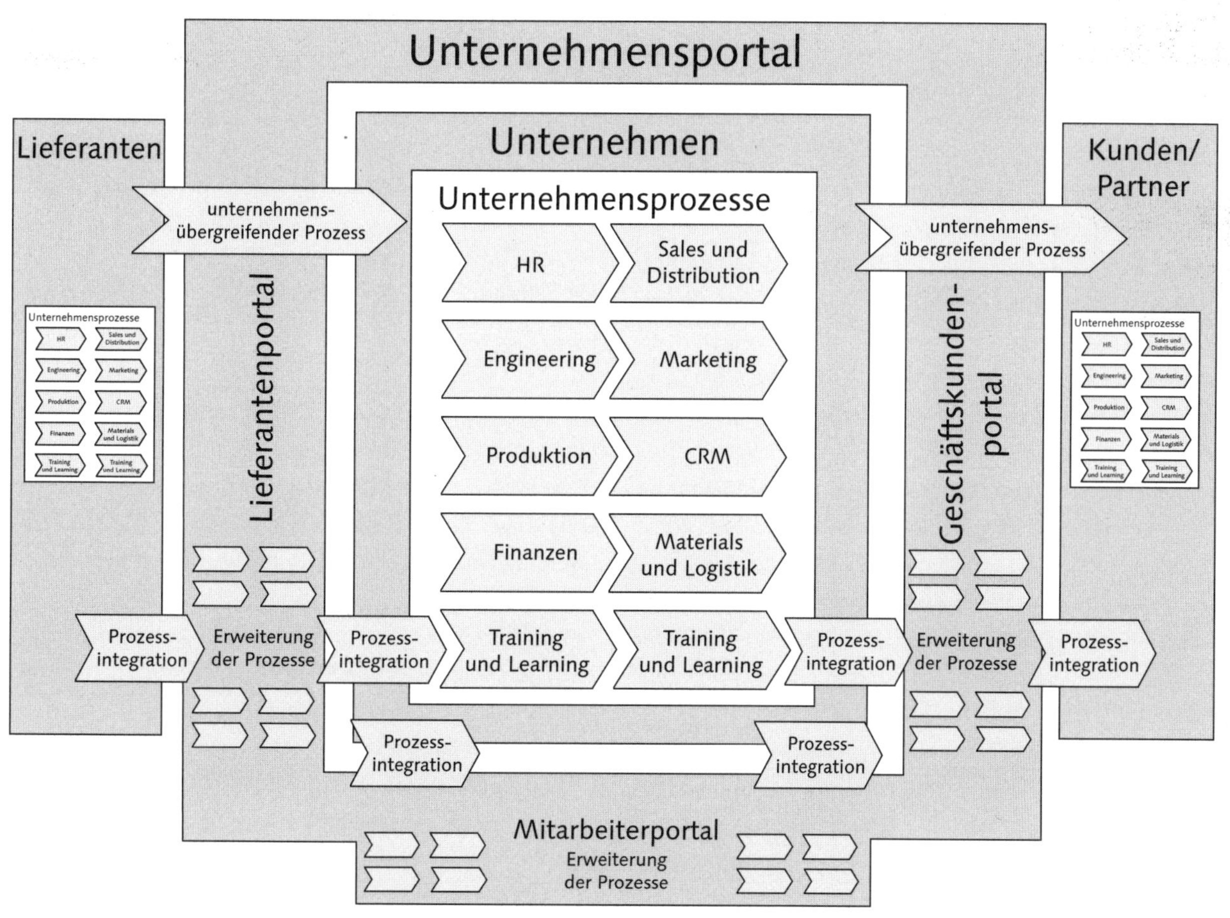

Abbildung 1.3 Zielgruppen von Unternehmensportalen (Quelle: Gurzki et al., 2004)

Ein Unternehmensportal richtet sich – je nach Ausprägung – an Lieferanten, Mitarbeiter und Kunden und unterstützt dabei in der Ausbaustufe eines Prozessportals verschiedene Geschäftsprozesse im Unternehmen (z. B. in der Produktion und im Marketing).

Ausrichtung an der Wertschöpfungskette

Vertikale Portale unterstützen eine bestimmte Wertschöpfungskette bzw. einen bestimmten Geschäftsprozess. Die Portalservices, die dabei zum Einsatz kommen, sind auf spezifische Anforderungen zugeschnitten. Ein Beispiel für ein vertikales Portal ist das Lieferantenportal eines Einzelhändlers zum Austausch von Abverkaufszahlen.

Horizontale Portale hingegen richten sich an einen breiteren Nutzerkreis und besitzen zumeist eine unterstützende Funktion. Die angebotenen Portalservices sind in der Regel generisch und für Mitarbeiter unterschiedlicher Fachbereiche nutzbar. Ein Beispiel für ein horizontales Unternehmensportal ist ein Self-Service-Portal für Mitarbeiter, über das standardisierte Services des Personalwesens angeboten werden (z. B. Urlaubsverwaltung oder Zeiterfassung).

Offenheit

Das Klassifikationsmerkmal der Offenheit besitzt zwei unterschiedliche Facetten: Zum einen beschreibt die Offenheit den Benutzerkreis. Unternehmensportale sind grundsätzlich geschlossene Portale, weil sie sich an den geschlossenen Kreis der Mitarbeiter und gegebenenfalls eindeutig identifizierter externer Nutzer wenden (z. B. Zeitarbeitskräfte und Lieferanten). Dies ist das typische Verständnis bei der Frage nach geschlossenen bzw. offenen Portalen. Zum anderen beschreibt das Kriterium der Offenheit auch die Art und Weise des Portalzugriffs. In dieser Interpretation ist das Kriterium netzwerktechnischer Natur. Ein offenes Portal in diesem Sinne erlaubt beispielsweise den Zugriff von Mitarbeitern, also einer geschlossenen Benutzergruppe, per Einwahl von ihrem privaten PC zu Hause.

Die Darstellung der einzelnen Klassifikationsmerkmale zeigt die Vielschichtigkeit des Portalbegriffs und spannt Ihren Handlungsrahmen auf: Darauf aufbauend liefert Ihnen Kapitel 2 Anleitungen, wie Sie bei der Entwicklung einer Portalstrategie herausarbeiten, welche Ausprägung des Portalbegriffs für Ihren Einsatzfall geeignet ist.

1.3 Marktübersicht

Nicht allein die Ausprägungsformen von Portalen sind vielschichtig, sondern auch der Markt an Anbietern von Portaltechnologien. Das liegt unter anderem an den unterschiedlichen Wurzeln der Anbieter: Das Spektrum reicht von reinen Technologieanbietern über Anbieter von Content-Management-Systemen bis zu Anbietern eines integrierten Lösungsportfolios.

Abbildung 1.4 zeigt die Marktanteile der führenden fünf Hersteller im deutschen Markt für Portalsoftware in 2004.

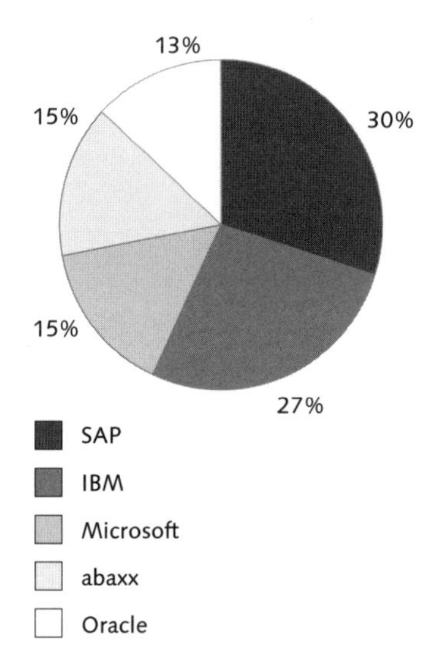

Abbildung 1.4 Verhältnis der Marktanteile der fünf größten Anbieter im deutschen Markt für Portalsoftware (Quelle: Pierre Audoin Consultants PAC GmbH, 2006)

SAP ist in Deutschland Marktführer für Portalsoftware, gefolgt von IBM. Dies wird bestätigt durch die regelmäßigen Analysen der Gartner Group, bei denen das SAP NetWeaver Portal und die Portallösung von IBM die beiden Spitzenplätze bei den Portalprodukten einnehmen (vgl. Gartner, 2005).

Die wesentlichen Gründe, die Unternehmen dazu bewegen, sich für das SAP NetWeaver Portal zu entscheiden, sind nachfolgend dargestellt:

- SAP NetWeaver Portal ist integraler Bestandteil von SAP NetWeaver und bietet damit eine hohe Ausbaumöglichkeit und Zukunftssicherheit des Unternehmensportals.
- SAP NetWeaver Portal gewährleistet umfassende und reibungslose Integration in SAP-Backend-Systeme.

- Eine integrierte technologische Plattform lässt sich mit so genannten *Business Contents* verzahnen, bietet also Zugang zu Geschäftsprozessen und geschäftsrelevanten Informationen.
- Die zahlreichen Standards des SAP-Lösungsportfolios (z. B. Mehrsprachigkeit) werden unterstützt.
- SAP bietet ausgeprägte Lieferfähigkeit auch in Bezug auf Beratungsleistungen im Umfeld von SAP NetWeaver und ermöglicht somit ein »One Stop Shopping«.

1.4 Stand der Anwendung

Der Lebenszyklus von Unternehmensportalen befindet sich derzeit im frühen Reifegrad der Umsetzung. So hat erst ein Drittel derjenigen Unternehmen, die ein Portal implementieren, das Portal schon für den Großteil der Anwender verfügbar gemacht. Etwa 60 Prozent befinden sich dagegen in ersten Roll-out-Phasen bzw. in deren Planung. Lediglich jedes zehnte Unternehmen hat noch keine konkreten Planungen angestellt (siehe Abbildung 1.5).

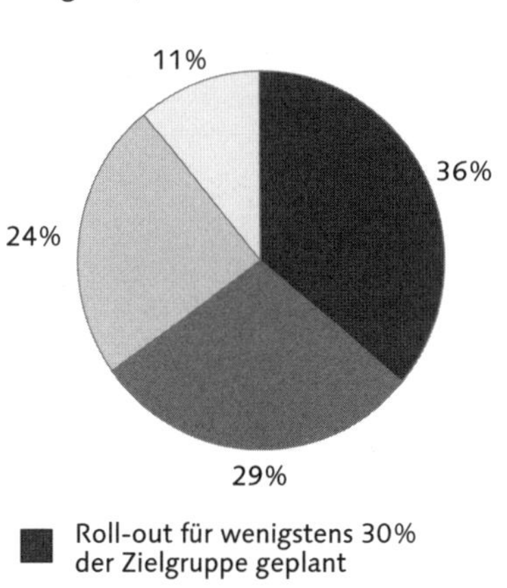

Abbildung 1.5 Stand der Anwendungen von Unternehmensportalen (Quelle: META Group, Inc., 2004)

Bereits Mitte 2005 befanden sich über 1.500 Unternehmen in der Implementierungs- bzw. Betriebsphase mit dem SAP NetWeaver Portal bzw. SAP Enterprise Portal.

SAP hat viele dieser Unternehmen bei den Prozessen der Planung, Konzeption, Einführung und des Roll-outs begleitet. Aus diesen Erfahrungswerten lassen sich die wesentlichen Erfolgsfaktoren ableiten, die Sie in Ihrem Portalprogramm beachten sollten.

1.5 Erfolgsfaktoren

Um erfolgreich zu sein, sollte Ihre Portalinitiative auf Basis von SAP NetWeaver Portal die folgenden Erfolgsfaktoren berücksichtigen:

- **Portalstrategie**
  Ein Unternehmensportal ist eine Initiative von zumeist unternehmensweitem Ausmaß. Dafür benötigen Sie eine Strategie – ein Leitbild, das klar definiert, was Sie langfristig mit dem Unternehmensportal erreichen wollen, und welchen Weg Sie dabei einschlagen (siehe **Kapitel 2**).
- **Business Case**
  Stellen Sie dar, wie Ihr Portal zu den Unternehmenszielen beiträgt. Identifizieren Sie »harte«, also messbare Nutzenvorteile, aber führen Sie auch weiche Faktoren auf. Klären Sie, welche Erwartungen dem Portal entgegengebracht werden (siehe **Kapitel 3**).
- **Portalprogramm**
  Die Einführung und der Betrieb Ihres Portals sind aufgrund der strategischen Dimension kein einzelnes Projekt, sondern ein übergeordnetes Programm. Stellen Sie sicher, dass Sie ein geeignetes Governance-Modell und entsprechende Strukturen und Abläufe schaffen, damit Ihr Unternehmensportal effizient betrieben werden kann (siehe **Kapitel 4**).
- **Service-Engineering**
  Ihr Unternehmensportal ist ein Produkt, das Sie im Unternehmen vermarkten. Machen Sie sich das zugrunde liegende Geschäftsmodell klar, indem Sie identifizieren, aus welchen Services Ihr Produkt besteht, wer Ihre Zielgruppe ist, und welchen marktfähigen Preis Sie veranschlagen wollen (siehe **Kapitel 5**).
- **Portalarchitektur**
  Die technologische Plattform ist die Grundlage des Erfolgs. Stellen Sie sicher, dass Sie das SAP NetWeaver Portal so einsetzen, dass Sie die betriebswirtschaftlichen Ziele Ihres Portalprogramms erreichen (siehe **Kapitel 6**).

- **Change Management**
  Der Erfolg des Unternehmensportals hängt nicht zuletzt von seiner Akzeptanz bei den Mitarbeitern Ihres Unternehmens ab (siehe **Kapitel 7**).

Die Ausführungen und Hinweise für jeden dieser Erfolgsfaktoren basieren auf den Erfahrungen mit zahlreichen, von SAP begleiteten Portalprojekten und helfen Ihnen, Ihr Portalprogramm zum Erfolg zu führen.

Danksagung
Die Autoren bedanken sich bei:
- Patrick Rupp für die fachliche Unterstützung bei den technischen Themenstellungen in Kapitel 6
- Simone Fuchs und Robin Schneider für die maßgebliche Mitarbeit am Portal Value Profiler in Kapitel 3
- Frank Moersch für die grafische Überarbeitung der Abbildungen

2 Portalstrategien: Unternehmensportale nachhaltig im Zielsystem des Unternehmens verankern

Einführung und Betrieb eines Unternehmensportals sind typischerweise strategische Initiativen. In diesem Kapitel erfahren Sie, wie Sie ein strategisches Leitbild für Ihren Einsatz des SAP NetWeaver Portal entwerfen, eine reibungslose Integration in die Geschäfts- und IT-Strategie des Unternehmens sicherstellen und die passende Portal-Roadmap entwickeln und ihre Umsetzung steuern.

2.1 Motivation für eine Portalstrategie

Im Sinne der Unternehmenssteuerung fungieren Unternehmensstrategien als langfristiger Vorgehensplan zur Erreichung von Unternehmenszielen und konkretisieren sich in der Ableitung einer Vision für das Unternehmen. Die Vision ist also ein Metaplan für die untergeordneten Strategien der einzelnen Geschäftsbereiche.

Strategische Dimension des Portaleinsatzes

Besitzt Ihr Unternehmensportal Einfluss auf das strategische Zielsystem bzw. auf die Vision des Unternehmens, liegt ein strategischer Kontext vor, dem Sie während der Planung und Konzeption, der Einführung und auch im Betrieb Ihres SAP NetWeaver Portal Rechnung tragen müssen.

Die strategische Argumentation eines Portaleinsatzes mit Bezug zur Vision eines Unternehmens ist von Fall zu Fall sehr unterschiedlich. Sie findet sich sowohl in Kombination mit konkreten Vorgaben an den wirtschaftlichen Effekt des Vorhabens (z.B. als Instrument zur Senkung von IT-Kosten) als auch ohne quantifizierte Erfolgskennzahlen. Im Folgenden sind exemplarisch die Portalstrategien einiger Unternehmen dargestellt, die das SAP NetWeaver Portal bzw. Vorgängerversionen einsetzen:

- »Wir erstellen für unsere Mitarbeiter eine einheitliche Arbeits- und Informationsplattform, die es ermöglicht, Business- und Supportprozesse durch elektronische Abbildung zu optimieren.« (METRO Group)
- »Zentraler Informationskanal für 28.000 Mitarbeiter« (Singapore Airlines)
- »Das SAP-Portal liefert die Technologie für hochflexible und benutzerfreundliche internationale Geschäftsprozesse« (weltweit führendes Pharmaunternehmen)
- »Standorte ohne SAP R/3-Anbindung werden an Geschäftsprozesse angeschlossen, und die Prozessreichweite wird erhöht« (internationater Technologiekonzern)
- »Das Portal ist das neue Frontend; mehr als 200 iViews dienen zum Aufruf klassischer Transaktionen« (große deutsche Krankenversicherung)
- »Ausschlaggebend waren Single Sign-On, hohe Benutzerfreundlichkeit und die Konsolidierungseffekte« (Bundesamt für Informatik und Telekommunikation)
- »Das Portal ist die Basis für verbesserte Information und Kommunikation und die Digitalisierung von Prozessen.« (Lufthansa)

Der strategischen Perspektive auf den Einsatz von Unternehmensportalen folgen auch wissenschaftliche Untersuchungen. Zum Beispiel beschreibt das Fraunhofer-Institut für Arbeitswirtschaft und Organisation die Portaleinführung als eine strategische Entscheidung, die mit Chancen und Risiken behaftet ist (vgl. Gurzki et al., 2004).

Chancen und Risiken

Als Chancen bieten sich einerseits die Steigerung der Wirtschaftlichkeit, Flexibilität, Qualität und Vernetzungsfähigkeit bestimmter Geschäftsprozesse oder Unternehmensbereiche. Andererseits ergibt sich auch eine verbesserte strategische Positionierung des gesamten Unternehmens. Begründet sind die Chancen vornehmlich in der Bereitstellung des SAP NetWeaver Portal als integrierte Funktions-, Infrastruktur- und Serviceplattform, die sich in folgenden Zielsetzungen konkretisiert:

- Effizienzsteigerung durch Prozessautomatisierung und -optimierung
- Erhöhung der Integrationsfähigkeit für die Vernetzung von Geschäftsbereichen und Arbeitsgruppen sowie durch Collaboration
- Verbesserung der Informationsbereitstellung und der Arbeitsplatzgestaltung
- Verbesserung der Datenqualität und Bereinigung von Datenstrukturen durch Knowledge Management
- Kostensenkung durch Konvergenzeffekte im Sinne von Standardisierung, Konsolidierung und Mehrfachnutzung von Technologien, Applikationen und Prozessen (Bosch, 2005)

Bei der Verfolgung dieser Ziele sind nachfolgend genannte Risiken zu berücksichtigen, ihr Einfluss ist zu minimieren (vgl. META Group, Inc., 2004):

- fehlende Mitwirkung des Top-Managements als Sponsor und Förderer der Initiative
- mangelhafte Etablierung eines straffen Governance-Modells mit klaren Zielvorgaben, Rollen und Verantwortlichkeiten
- fehlende technologische Umsetzungssfähigkeit im Unternehmen aufgrund der gegebenen Integrationskomplexität
- fehlende Mitarbeiterqualifikationen (z. B. im Umgang mit neuen Technologien wie Java und XML)
- unzureichende »Öffentlichkeitsarbeit« im Unternehmen zur Vermeidung von Fehlinterpretationen anfänglicher Fehlleistungen (z. B. Anwortzeitverhalten beim Zugang über niedrige Bandbreiten)
- unterschätzte Budgetbedarfe

Strategische Wirkungsrichtungen

Sowohl die Chancen als auch die Risiken, die mit dem Einsatz eines Unternehmensportals verbunden sind, zeigen, dass ein Einfluss auf die Geschäfts- und die IT-Strategie eines Unternehmens vorliegt, der sich in drei Wirkungsrichtungen äußert:

- **Vertikale Ausdehnung**
  Unternehmensportale übernehmen häufig eine infrastrukturelle Schlüsselfunktion für die Standardisierung und Harmonisierung von Informationstechnologie im Unternehmen. Das Portal nimmt im Sinne einer zentralen Infrastrukturkomponente die Rolle einer unternehmensweit einheitlichen Plattform ein, die sich vertikal über mehrere Technologieebenen (z. B. Integrationstechnologien, Entwicklungssprachen, Benutzungsschnittstellen) erstreckt. Die Bedeutung von Portalen als zentrale Plattformen wird in Zukunft zunehmen – im Zuge des Umbaus von Systemlandschaften in Richtung serviceorientierter Architekturen (siehe hierzu auch Kapitel 5).
- **Horizontale Ausdehnung**
  Unternehmensportale fungieren als Plattform, die horizontal über die Funktionsbereiche eines Unternehmens gelegt wird. Die mögliche Reichweite kann – im Gegensatz zu einer Anwendung für eine spezifische Abteilung wie z. B. die Finanzbuchhaltung oder die Personalabteilung – je nach Durchdringungsgrad der Prozessautomatisierung sowie Fortschritt des Roll-outs bis zu hundert Prozent der Mitarbeiter betreffen. Beachten Sie bei der Festlegung der Reichweite Ihres SAP NetWeaver Portal, dass Sie Skaleneffekte umso stärker nutzen können, je mehr Mitarbeitern das Portal zur Verfügung steht, was wiederum zu einem höheren Nutzenbeitrag des Portals führt (siehe hierzu auch Kapitel 3).
- **Zeitliche Ausdehnung**
  Die hohe Integrationskomplexität eines Unternehmensportals und das Vorhandensein zahlreicher verschiedener Handlungsstränge führen dazu, dass die Einführung und der Roll-out Ihres Portals weniger Projekt-, als vielmehr strategischen Programmcharakter besitzen, der sich in einer entsprechenden zeitlichen Ausdehnung äußert (siehe zur Darstellung der Programmorganisation Kapitel 4).

Prozess der Strategieentwicklung

Eine Portalstrategie dient dazu, Ihr Portalprogramm vor dem Hintergrund dieser Wirkungsrichtungen handhabbar zu machen. Die Entwicklung der Portalstrategie folgt dabei einem Prozess, der aus folgenden Schritten besteht:

- Ableitung einer Vision
- Integration in die Geschäftsstrategie
- Integration in die IT-Strategie
- Ableitung einer Portal-Roadmap
- Steuerungsstrategien

Das Zusammenspiel dieser Schritte ist in Abbildung 2.1 dargestellt.

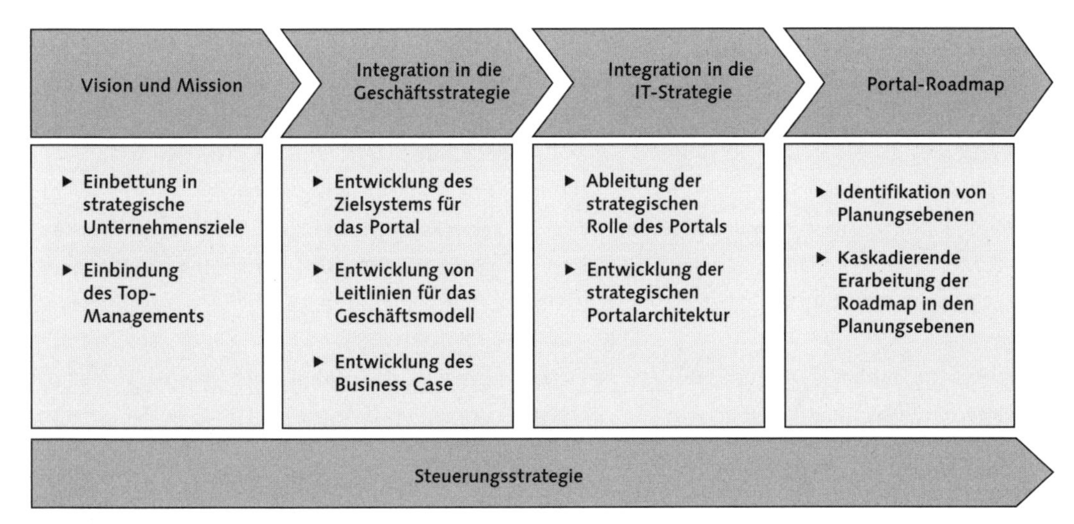

Abbildung 2.1 Entwicklungsprozess für Portalstrategien

2.2 Ableitung einer Vision für das Portal

Um eine Vision für das Portal anzuleiten, verankern Sie im nächsten Schritt die Portalinitiative im Zielsystem des Unternehmens. Dazu werden die in Abschnitt 2.1 genannten generischen Chancen einer unternehmensindividuellen Potenzialanalyse unterzogen.

Im Ergebnis steht eine auf die Unternehmensziele abgestimmte visionäre Grundausrichtung des Unternehmensportals. Die daraus resultierenden Zielstellungen dienen einerseits der langfristigen Legitimierung des Vorhabens, anderseits bilden Sie den Rahmen, der seitens des Top-Managements zur Erfolgskontrolle des Portals verwendet wird. Diese strategische Dimension ist als Maßstab für Entscheidungen umso wichtiger, je stärker ein Unternehmen dezentral gesteuert wird.

Im Verlauf Ihres Portalprogramms dient das von der Unternehmensleitung verabschiedete strategische Zielsystem dann der gegebenenfalls erforderlichen Einforderung von Unterstützung durch das Top-Management und als Leitbild bei der Überbrückung von »Schwächephasen« im Rahmen des langfristigen Ausbaus des Portals.

Um Ihnen zu veranschaulichen, wie eine Portalvision in der Praxis formuliert ist, enthält Tabelle 2.1 einige ausgewählte Beispiele.

Unternehmen	Lufthansa	METRO Group	SAP
Portalvision	Das Portal als integrierte Plattform ist die Basis für die »Digitale Transformation« von Geschäftsprozessen und Arbeitsabläufen.	Wir erstellen für unsere Mitarbeiter eine einheitliche Arbeits- und Informationsplattform, die es ermöglicht, Business- und Supportprozesse durch elektronische Abbildung zu optimieren.	Das SAP Corporate Portal steht allen Mitarbeitern weltweit als einheitliche Transaktions- und Informationsplattform zur Verfügung.
Strategisches Zielsystem	▶ gezielte und bedarfsgerechte Information aller Mitarbeiter ▶ stärkere Vernetzung und Wissensaustausch über organisatorische Grenzen hinweg ▶ Arbeitserleichterung durch Prozessverbesserungen ▶ Optimierung der Ressourcennutzung und Effizienzsteigerungen	▶ schneller Zugang zu aktuellen Informationen für alle Mitarbeiter ▶ Etablierung einer hohen Übersichtlichkeit ▶ Reduzierung des Zeitbedarfs für administrative Tätigkeiten ▶ konzernweiter Wissens- und Erfahrungstransfer ▶ Stärkung der Unternehmenskultur der METRO Group	▶ unternehmensweite Effizienzsteigerung von Geschäftsprozessen und Erhöhung der Mitarbeiterproduktivität ▶ Nutzung von SAP-Technologien ▶ Versorgung aller Mitarbeiter mit einem rollenabhängigen, Mehrwert schaffenden Arbeitsplatz im Rahmen einer standardisierten Infrastruktur

Tabelle 2.1 Ausgewählte Visionen und strategische Zielsetzungen für Portale

2.3 Integration in die Geschäftsstrategie

Im betriebswirtschaftlichen Kontext muss jede betriebliche Aktivität auf ihren Beitrag zur Wertschöpfung des Unternehmens geprüft werden. Dieser Wertbeitrag liegt entweder im Einfluss auf den Unternehmenserfolg im Sinne der Wirtschaftlichkeit (z. B. Kostensenkung, Umsatzerhöhung) oder in der Verbesserung der strategischen Wettbewerbssituation.

Da ein Unternehmensportal gemäß der in Kapitel 1 beschriebenen Definition den Charakter sowohl einer Applikation als auch einer Infrastruktur darstellt, muss der Wertbeitrag separat betrachtet werden. Dazu bietet sich die Trennung in eine funktionale und in eine technologische Ebene an.

Funktionale und technologische Ebene

Die *funktionale Ebene* – repräsentiert durch die im Portal laufenden Anwendungen – zielt auf unmittelbaren Effizienz- und Effektivitätsgewinn bei der Gestaltung von Geschäftsprozessen ab. Deshalb sind für den Einsatz des SAP NetWeaver Portal auf funktionaler Ebene zumeist die Leiter einzelner Geschäftsbereiche verantwortlich.

Die *technologische Ebene*, im Sinne der mit dem Portal verbundenen Plattformstrategie, zielt auf die unternehmensweite Technologiedurchdringung und -konvergenz sowie die damit verbundenen strategischen Wettbewerbspotenziale »Innovationsfähigkeit« und »Flexibilität« ab. Verantwortlich für die strategische Ausbauplanung des SAP NetWeaver Portal im Sinne des Plattformkonzepts im Unternehmen sind zumeist Leiter von Zentralbereichen (z. B. zentrales Informationsmanagement, Personal- oder Rechnungswesen).

Zentrale und dezentrale Wirkrichtung

Die Kombination von funktionaler und technologischer Ebene mit ihrer sowohl zentralen als auch dezentralen Wirkrichtung führt zu einer Mehrdimensionalität des Wertbeitrags des Unternehmensportals für die Geschäftsstrategie.

In Abbildung 2.2 sind exemplarisch einige Wertbeiträge eines Unternehmensportals dargestellt. Auf zentraler Ebene entsteht ein positiver Wertbeitrag zur Geschäftsstrategie zumeist durch Skaleneffekte (z. B. durch Standardisierung) oder durch eine Stärkung der Unternehmensstrategie (z. B. der Erhöhung der Innovationsfähigkeit des Unternehmens). Dezentrale Vorteile finden Sie zumeist in der Steigerung der Effektivität und Effizienz Ihrer Geschäftsprozesse (z. B. durch die Verbesserung der Zusammenarbeit von Arbeitsgruppen).

Die konsequente Unterscheidung der beiden Dimensionen ist wichtig für den Erfolg Ihres Unternehmensportals. Eine Vermischung führt regelmäßig dazu, dass – insbesondere die wirtschaftlichen – Zielsetzungen nicht erreicht werden, da auf funktionaler Ebene zumeist ein kurzfristiger *Return on Investment*[1] (ROI) gefordert wird, während auf technologischer Ebene jedoch eine kurzfristige Wirtschaftlichkeitsrechnung häufig nicht sinnvoll ist. Diese ambivalente Wirkungsweise eines Portals führt insbesondere in dezentralen Entscheidungskulturen zur Gefährdung der Akzeptanz und damit des Nutzungsgrads des Unternehmensportals.

Praxisbeispiel
Zur Verdeutlichung der Problematik soll ein Beispiel aus der Praxis dienen: Ein Unternehmensbereich, z. B. das Personalwesen, erwägt als erste Einheit im Unternehmen den Einsatz des Unternehmensportals für Employee Self-Services und stellt dafür eine Wirtschaftlichkeitsrechnung auf. Wird dabei die gesamte infrastrukturelle Anschubinvestition (vornehmlich Einführung des Portals, Einrichtung einer zentralen Benutzerverwaltung usw.) dem wirtschaftlichen Nutzen dieser einzelnen Anwendung – gegebenenfalls sogar in der ersten Ausbaustufe mit limitierten Nutzergruppen – gegenübergestellt, ist ein positiver ROI höchst unwahrscheinlich und das Vorhaben aus Sicht der Entscheidungsträger objektiv nicht durchsetzbar.

Eine sich durchsetzende Lösung dieser Problematik liegt in der stringent getrennten Bewertung der zentralen Infrastrukturmaßnahme und darauf aufbauender Einzelprojekte. Dieses Vorgehen schließt nicht aus, dass nutznießende Unternehmensbereiche durch Umlagen anteilig an den Kosten der Portalinfrastruktur beteiligt werden, impliziert gegebenenfalls jedoch politische Entscheidungen wie z. B. eine zentrale Anschubfinanzierung oder auch »Zwangsrekrutierung« von Geschäftsbereichen.

1 Eine Definition des Return on Investment wird in Kapitel 3 vorgenommen.

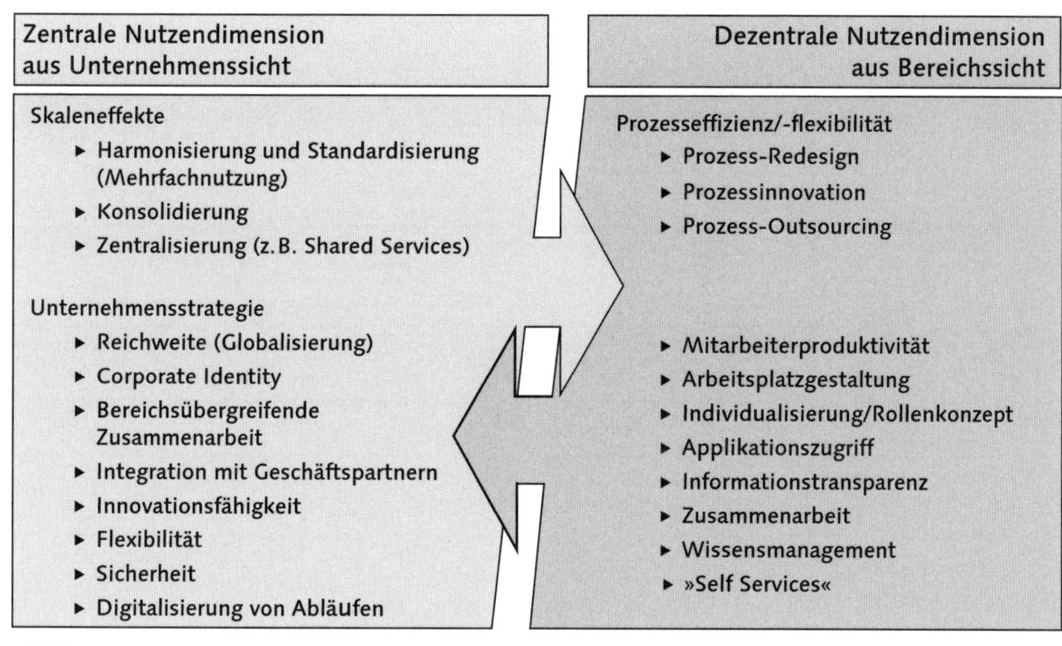

Abbildung 2.2 Zentrale und dezentrale Wertbeiträge eines Portals

Steuerungsinstrument Preispolitik

Ein wichtiges Steuerungsinstrument in diesem Zusammenhang ist die zentrale Preispolitik. Durch deren geschickten Einsatz kann die Nutzung der zentralen Infrastruktur durch die Unternehmensbereiche aktiv gefördert werden.

Für die Preispolitik stehen Ihnen im Wesentlichen zwei Gestaltungsparameter zur Verfügung, nämlich das Preismodell und das Umlageverfahren, die in Abschnitt 5.5 beschrieben werden.

Zielsystem

Das Zielsystem des Unternehmensportals muss sowohl die zentralen als auch die dezentralen Geschäftsstrategien als »führende Systeme« unterstützen, indem es – im Sinne einer so genannten *Win-Win-Situation* – Nutzenpotenziale für alle Beteiligten birgt. Nur dann sind Sie in der Lage, ein tragfähiges Geschäftsmodell für den Einsatz Ihres SAP NetWeaver Portal zu entwickeln und das Programm zu einem erfolgreichen »Selbstläufer« zu machen.

Zur Erfassung des Zielsystems bietet sich eine Matrixdarstellung an, wie sie in Abbildung 2.3 abgebildet ist. Sie hilft Ihnen, die einzelnen Bestandteile des Zielsystems zu strukturieren und den jeweiligen Zielerreichungsgrad zu kontrollieren.

Beim Einsatz dieses Werkzeugs müssen Sie darauf achten, dass sowohl die Kennzahlen und die Vorgaben mit den beteiligten Unternehmensbereichen bzw. Organisationseinheiten abgestimmt werden. Sie erreichen damit eine hohe Transparenz sowohl über die Art und Weise, wie ein bestimmtes Ziel gemessen wird, als auch darüber, wann ein Kennzahlenwert als erfolgreiche Zielerreichung zu bewerten ist.

2.4 Integration in die IT-Strategie

Grundsätzlich leitet sich die IT-Strategie eines Unternehmens aus der Geschäftsstrategie ab. Da sich die Informationstechnologie in Unternehmen zunehmend wandelt und statt einer rein umsetzenden verstärkt eine gestaltende Funktion wahrnimmt, gewinnen die in der IT-Strategie festgelegten strategischen Ausrichtungen mit Blick auf die Kostenstruktur und Innovationsfähigkeit zunehmend Einfluss auf die Positionierung eines Unternehmens im Wettbewerb.

	Zentrale Ziele	Kennzahl	Vorgabe	Maßnahmen	Bereichs-/Prozessziele	Kennzahl	Vorgabe	Maßnahmen
Strategische Ziele	Stärkung der Unternehmenskultur				Erhöhung der Mitarbeiterzufriedenheit			
	Schaffung von Mehrwert am Arbeitsplatz				Bessere Versorgung mit Informationen			
Wirtschaftliche Ziele	Senkung der Kosten in der Administration				Senkung der Prozesskosten			
	Erhöhung der Zahl der Self-Service-Szenarien				Senkung der Zahl der Problemanfragen			

Abbildung 2.3 Zielmatrix für ein Portalprogramm

Konkretisierung der IT-Strategie

Die IT-Strategie konkretisiert sich in vier verschiedenen Ebenen, die in Abbildung 2.4 dargestellt sind.

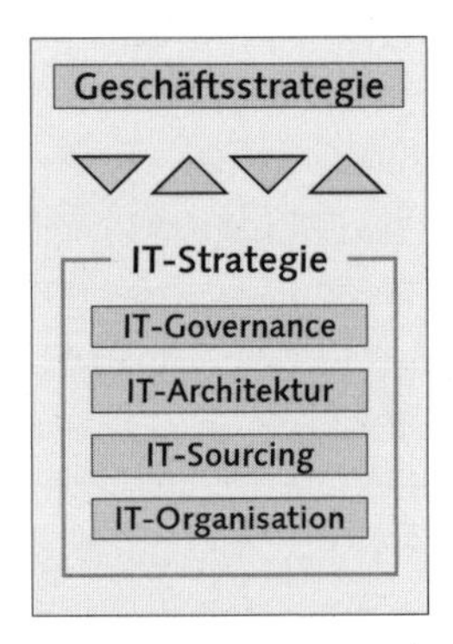

Abbildung 2.4 Ebenen der IT-Strategie

Die vier Ebenen beinhalten im Allgemeinen die nachfolgend beschriebenen Funktionen:

- **IT-Governance**
  IT-Governance definiert die Struktur der Beziehungen und Prozesse, die die IT steuern bzw. kontrollieren, um diese konsequent an den Unternehmenszielen auszurichten. Im Vordergrund steht die nachhaltige Generierung von Mehrwert unter effizienter Nutzung der IT-Ressourcen und der Berücksichtigung von IT-Risiken.
- **IT-Architektur**
  Die Ebene IT-Architektur unterscheidet zwischen der Anwendungs- und der technischen Architektur. Erstere definiert die Anwendungslandschaft zur Unterstützung von Geschäftsprozessen, während Letztere die Standards der IT-Infrastruktur für den Systembetrieb definiert.
- **IT-Sourcing**
  IT-Sourcing definiert, welche IT-Leistungen durch das Unternehmen selbst erstellt werden und welche eingekauft werden.
- **IT-Organisation**
  Ausgehend von den strategischen Anforderungen an die Informationstechnologie müssen Maßnahmen zur Strukturierung und Weiterentwicklung der IT-Organisation geplant und umgesetzt werden.

In der stringenten Ableitung der IT-Strategie aus der Geschäftsstrategie sowie der Ausgestaltung des Portalprogramms im Sinne der vier beschriebenen Ebenen müssen Sie zunächst klären, welche grundsätzliche Rolle Ihr SAP NetWeaver Portal im Unternehmen einnehmen soll. Anschließend müssen Sie die einzelnen Ebenen für Ihr Portal ausprägen.

Rolle des Portals

Grundsätzlich können für ein Unternehmensportal zwei verschiedene Rollen bzw. Funktionen innerhalb der IT-Strategie unterschieden werden, die in Abbildung 2.5 dargestellt sind.

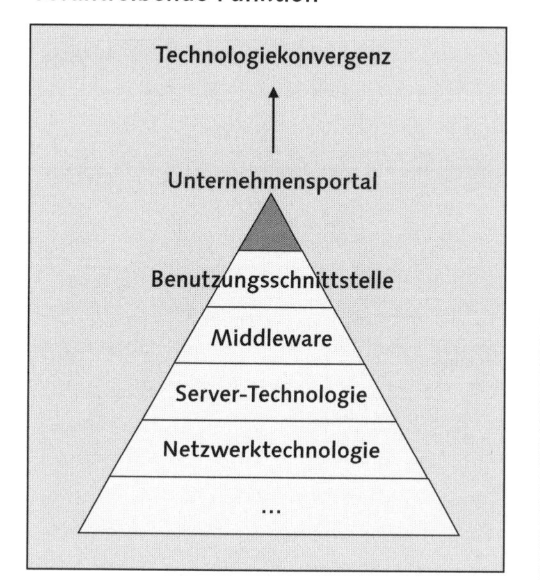

Abbildung 2.5 Rolle des Portals im Rahmen der IT-Strategie

Eine *vorantreibende Rolle* kommt dem Unternehmensportal aufgrund der eingangs beschriebenen vertikalen Eingriffstiefe und der Vielzahl an Schnittstellen zu anderen Systemen und Technologien zu. In dieser Rolle wirkt das Unternehmensportal normativ im Sinne des Ziels der Technologiekonvergenz. Das gilt insbesondere für den in die Zukunft gerichteten Blick in Richtung serviceorientierter Architekturen (siehe Kapitel 5).

Eine *unterstützende Rolle* im Sinne der IT-Strategie nimmt das Portalprogramm dann ein, wenn es gleichrangig neben anderen Initiativen zur Standardisierung und Harmonisierung platziert wird. In diesem Fall ist jedoch aufgrund der Begrenzung der vertikalen Ausdehnung der strategische Einfluss des Unternehmensportals nur begrenzt realisierbar.

Konkretisierung der Gestaltungsebenen

Ist die strategische Rolle des Portals geklärt, müssen Sie die einzelnen Gestaltungsebenen konkretisieren. Wie Sie dabei vorgehen und welche Erfahrungswerte Sie beachten müssen, erfahren Sie im Hinblick auf die Themen »IT-Governance« und »IT-Organisation« im Kapitel 4. Kapitel 6 beschäftigt sich mit der IT-Architektur eines Unternehmensportals, während die Frage des IT-Sourcing in Kapitel 5 behandelt wird.

2.5 Ableitung einer Portal-Roadmap

Dem in Abschnitt 2.1 dargestellten Prozess der Strategieentwicklung folgend, müssen Sie die Portal-Roadmap »top down« ableiten. Der übergeordnete Handlungsrahmen wird dabei durch die Integration in die Geschäfts- und in die IT-Strategie des Unternehmens vorgegeben.

Planungsebenen

Die sich anschließende inhaltliche Ausgestaltung der Portal-Roadmap erfolgt auf vier Planungsebenen, wie in Abbildung 2.6 dargestellt.

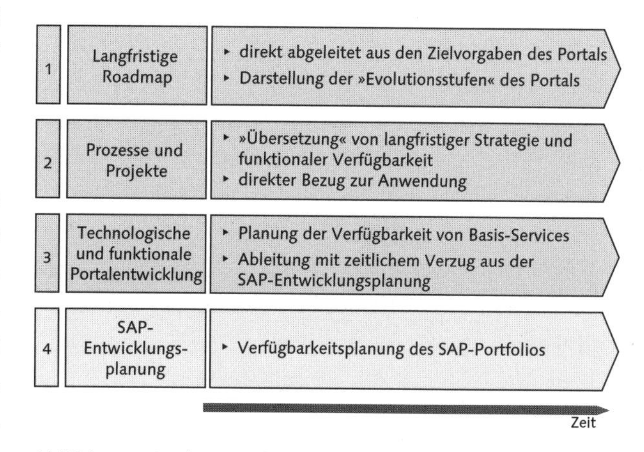

Abbildung 2.6 Planungsebenen einer Portal-Roadmap

Ebene 1: Langfristige Roadmap

Die Planung der langfristigen Roadmap folgt den drei in Abschnitt 2.1 beschriebenen strategischen Wirkrichtungen: horizontale Reichweite, vertikale Eingriffstiefe und Programmdauer. Dabei müssen Sie sowohl die zentralen als gegebenenfalls auch die bereichsbezogenen Anforderungen in folgender Schrittfolge konsolidieren:

- **Unternehmenssicht**
  Alle zentralen strategischen Zielstellungen werden mit Meilensteinen für den möglichen Ausbau der zentralen Infrastruktur hinterlegt (Top-down-Planung).
- **Bereichssicht**
  Die Anforderungen einzelner Bereiche sind systematisch den Anwendungsmöglichkeiten des SAP NetWeaver Portal gegenübergestellt (Bottom-up-Planung). Es ensteht dabei eine »Langliste« von Anwendungsmöglichkeiten aus den Unternehmensbereichen. Die Elemente der Langliste werden nach Nutzenpotenzialen erstellt. Damit entsteht eine unternehmensweite Prioritätenliste für die zentrale Bereitstellung von Anwendungen. Diese Vorgehensweise hat den Vorteil, dass einerseits die Portal-Roadmap vom Return on Investment getrieben ist, und andererseits Leiter von Geschäfts- und Fachbereichen frühzeitig in die Planung einbezogen werden.
- **Konsolidierung von Top-down- und Bottom-up-Planung**
  In einer Konsolidierung beider Stoßrichtungen werden die strategischen Meilensteine sowie die untergeordneten bereitgestellten Funktionskategorien pro Phase dargestellt.

Exemplarisch ist eine langfristige Portal-Roadmap in Abbildung 2.7 dargestellt.

Zur Steuerung und Erfolgsmessung der langfristigen Portal-Roadmap müssen Sie die jeweiligen Meilensteine mit Erfolgskennzahlen hinterlegen, die möglichst auch dezentral mit den zukünftigen »Kunden« Ihres SAP NetWeaver Portal, den Portalnutzern in den Geschäfts- und Fachbereichen, abgestimmt werden.

Bei der Erstellung der langfristigen Roadmap ist neben den zentralen und dezentralen Wertbeiträgen auch die Berücksichtigung weiterer strategischer Überlegungen möglich. Ein Beispiel ist die Netzwerksicht, die das Unternehmen in seiner Beziehung zu Mitarbeitern, Kunden und Lieferanten beschreibt. Die Ausbauplanung über Unternehmensgrenzen hinweg ist in der langfristigen Roadmap zu berücksichtigen, da ein derartiger Einsatz unter anderem zusätzliche Anforderungen an die Sicherheit und das Rollenkonzept stellt. Die meisten Unternehmen folgen dabei einer Ausbauplanung in der Reihenfolge Mitarbeiterportal, Lieferantenportal, Kundenportal.

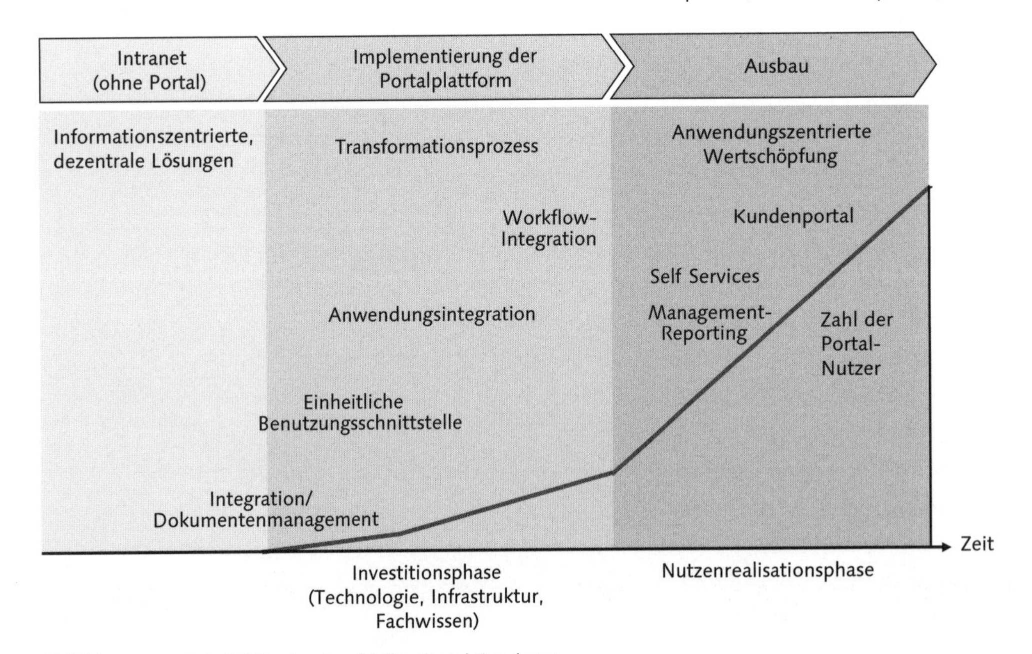

Abbildung 2.7 Beispiel für eine langfristige Portal-Roadmap

Ebene 2: Prozesse und Projekte

In ersten Ausprägungen war die Portaltechnologie als übergeordnete, systematisierende Zugangsschicht zu den verschiedenen Anwendungen im Unternehmen konzipiert. Derzeit erfolgt eine Entwicklung vom Informations- hin zum Prozessportal mit dem Fokus auf Geschäftsprozessunterstützung. In dieser Entwicklungsstufe bietet das SAP NetWeaver Portal nicht allein Zugang zu Informationen, sondern erhöht die Reichweite und Qualität von Geschäftsprozessen im Unternehmen.

Zur systematischen Planung der Geschäftsprozessunterstützung können in Anlehnung an das Wertkettenmodell Steuerungs-, Unterstützungs- und Kerngeschäftsprozesse unterschieden werden. Bei der Unterstützung von Kerngeschäftsprozessen treten ein höheres Ausfallrisiko und höhere Implementierungskosten als bei Unterstützungsprozessen auf. Daher ist es sinnvoll, der Erfahrungskurve des Technologieeinsatzes zu folgen und in den ersten Ausbaustufen unterstützende Prozesse abzubilden, wenngleich der wirtschaftliche Nutzen verstärkt in der Unterstützung von Kerngeschäftsprozessen zu realisieren ist.

Ein Beispiel für eine derartige »Geschäftsprozess-Roadmap« finden Sie in Abbildung 2.8: Nutzen Sie das dargestellte Modell, indem sie jeweils kennzeichnen, welche Geschäftsprozesse Sie kurzfristig über Ihr Unternehmensportal abbilden wollen und welche Geschäftsprozesse erst mittel- und langfristig im Fokus stehen.

Ebene 3: Technologische und funktionale Portalentwicklung

Eine technologische Roadmap koordiniert das Zusammenspiel der fachlichen Anforderungen aus den Geschäfts- und Fachbereichen mit der Verfügbarkeit von Basisservices und Grundfunktionalitäten.

Ein wichtiger Schwerpunkt ist daher die Abstimmung mit der Entwicklungsplanung bedingender, angrenzender oder vernetzter IT-Systeme. Beispielsweise ist bei der Ausbauplanung für einen Zugang zum Portal von außen (z. B. durch eine Initiative »Portal@Home«) auf die erforderlichen Netzwerk- und Sicherheitsarchitekturplanungen zu achten.

In Abbildung 2.9 auf Seite 22 ist eine Technologie-Roadmap dargestellt, die sowohl Aspekte der kundenindividuellen Technologieeinsatzplanung als auch die SAP-Entwicklungsplanung umfasst.

Die Technologie-Roadmap hilft Ihnen, die Komplexität und Vielzahl der unterschiedlichen Aktivitäten bzw. Funktionen auf technischer Ebene zu handhaben. Ausgehend von der Verfügbarkeit einzelner Anwendungen und Funktionalitäten müssen Sie im ersten Schritt entscheiden, welche der SAP-Grundfunktionen Sie für Ihr Unternehmensportal zu welchem Zeitpunkt benötigen, um den funktionalen Leistungsumfang zu gewährleisten, der sich aus der Portal-Roadmap ergibt. Achten Sie darauf, die Technologie-Roadmap kontinuierlich zu überprüfen und bei Bedarf den aktuellen Begebenheiten in Ihrem Unternehmen anzupassen. Die in Abbildung 2.9 dargestellte Technologie-Roadmap bezieht sich auf einen realen Zeitraum von drei Jahren.

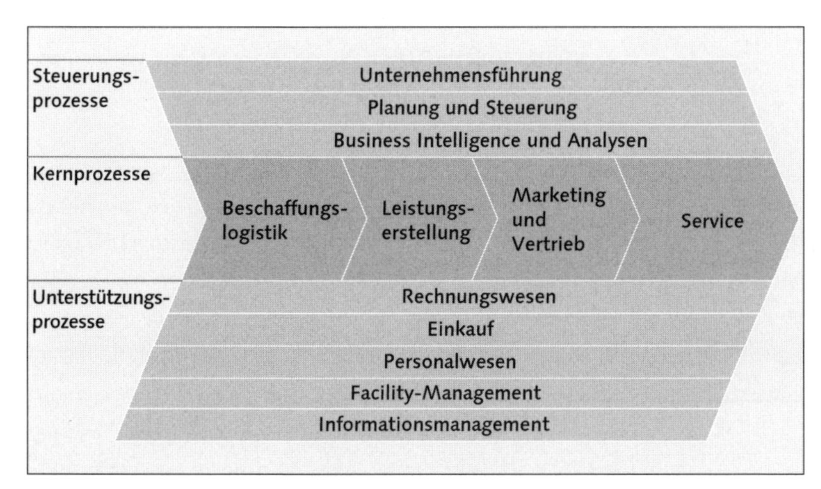

Abbildung 2.8 Beispielhafte Ausprägung der Planungsebene »Projekte und Prozesse«

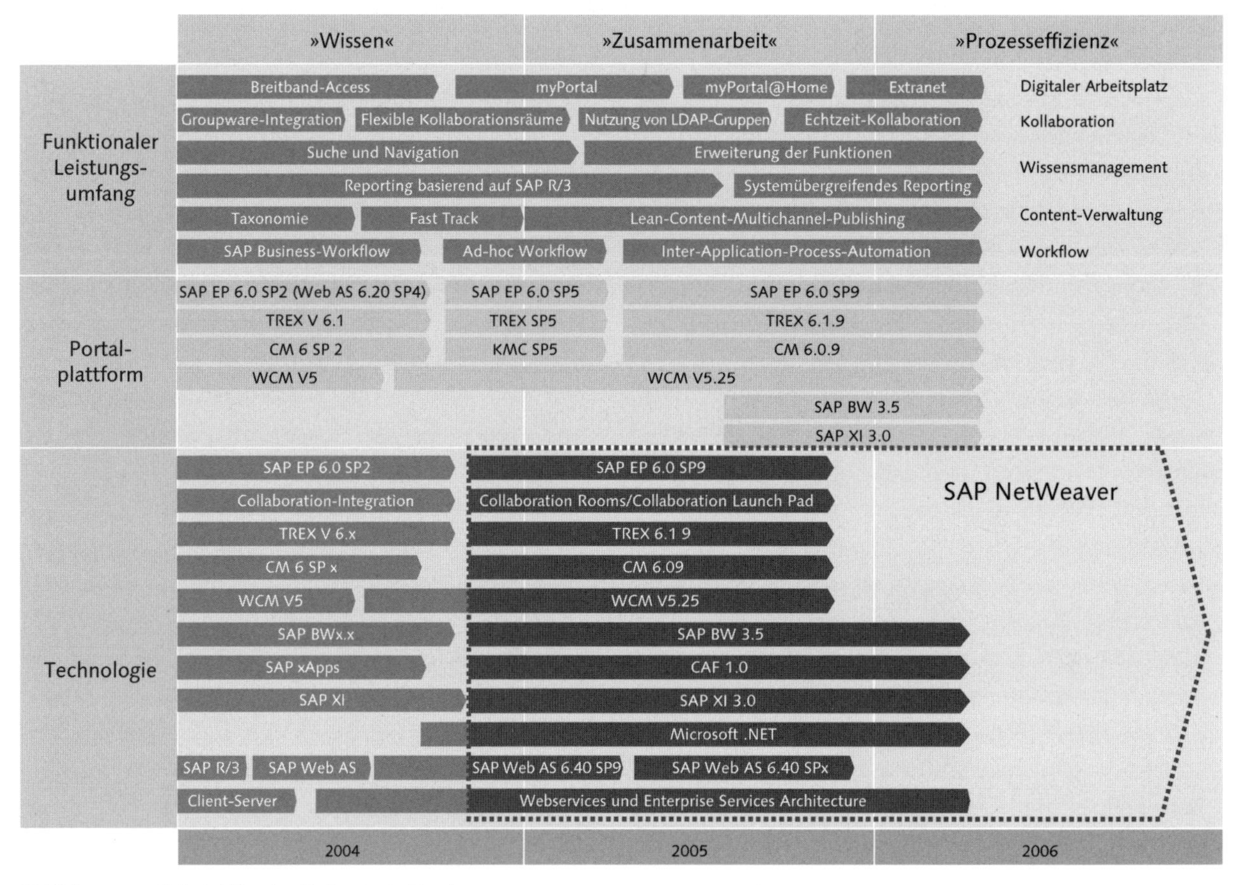

Abbildung 2.9 Beispiel für eine Technologie-Roadmap

Ebene 4: SAP-Entwicklungsplanung

Die SAP-Entwicklungsplanung müssen Sie in Ihrem Portalprogramm als externen Parameter berücksichtigen. Deshalb wird bzw. kann an dieser Stelle keine ausführliche Darstellung der SAP-Planung gegeben werden, sondern auf die öffentlich verfügbaren Informationen verwiesen.[2]

2.6 Steuerungsstrategien

Ein strategisches Portalprogramm weist aufgrund der unternehmensweiten Integrationsthematik sowie der damit verbundenen Neuordnung von Verantwortlichkeiten, Ressourcen und Prozessen auch eine politische Gestaltungsdimension auf. Für Sie ist es von erfolgskritischer Bedeutung, diese häufig historisch und kulturell geprägten Mechanismen und Spielregeln zu erkennen und zu gestalten.

Bei der Analyse der unternehmenspolitischen Dimension müssen Sie grundsätzlich zwei Aspekte beachten:

- Positionierung der Verantwortung für das Unternehmensportal im Unternehmen
- Identifikation der Impulsgeber für die Portalinitiative

»Hierarchie vs. Markt«

Beim ersten Aspekt geht es um die Frage, wer bei Ihrem Portalprogramm »den Hut aufhat«, also wer Entscheidungsträger ist. Hier stehen zwei Steuerungsstrategien zur Auswahl: der hierarchiegetriebene und der marktorientierte Ansatz.

Beim hierarchiegetriebenen, *zentralistischen Ansatz* wird das Programm mit Zielvorgaben, Meilensteinen und Anwendungen stringent »top down« geplant und gesteuert. Die Vorteile dieses Vorgehens liegen in der Umsetzungsgeschwindigkeit und -konsequenz aufgrund der

2 Sehen Sie hierzu die vielfältigen Informationsmöglichkeiten unter *http://www.sap.com*.

Vermeidung von Verhandlungskosten und in der nachhaltigen Sicherstellung strategischer Ziele. Der Nachteil liegt in erhöhten Anforderungen bezüglich der Akzeptanzdiskussion zentraler IT-Infrastrukturen. Hinzu kommen Argumente wie das »Not-invented-here«-Syndrom und »Bottleneck«-Problematiken.

Beim marktorientierten, *dezentralen Ansatz* dagegen entscheiden die Geschäfts- und Fachbereichsleiter nach individuellen, opportunistischen Gesichtspunkten, ob und wie sie die zentral zur Verfügung gestellte Portalplattform nutzen. Die Gestaltung des Portals ist hier die Summe der konsolidierten Planungsentscheidungen aus den Bereichen, die je Planungsrunde neu ausgehandelt werden. Der Vorteil dieses – eher kurzfristig angelegten – Ansatzes liegt in der Priorisierung der periodischen wirtschaftlichen Erfolgskennzahlen.

In der Realität treten vielfältige Mischformen der beiden Steuerungsvarianten innerhalb des bipolaren Kontinuums von Hierarchie und Markt auf. Erfahrungen belegen, dass Komplexität und somit auch Einführungsrisiko beim dezentralen Ansatz höher sind als bei zentraler Steuerung. Im Extremfall verhindert der Marktmechanismus den Aufbau zentraler Servicestrukturen, da keine Mehrheiten entstehen und deshalb auch keine »kritische Masse« gebildet werden kann.

Abbildung 2.10 gibt Ihnen einen Überblick über die Vor- und Nachteile von zentralen und dezentralen Steuerungsstrategien. Dabei ist die Perspektive der Geschäfts- und Fachbereiche gewählt, denn die Erfahrung hat gezeigt, dass die Analyse von Vor- und Nachteilen ein wesentlicher Erfolgsfaktor für ein Portalprogramm ist.

Impulsgeber des Unternehmensportals

Bei der Frage nach dem Impulsgeber für Portalprogramme können zwei Varianten unterschieden werden:

- **Fachlich getrieben**
  Zentrale oder dezentrale Fachbereichsleiter initiieren Portalprojekte aus der Perspektive des wirtschaftlichen Wertbeitrages und beauftragen – zumeist interne – IT-Dienstleister mit der Umsetzung.
- **Technologiegetrieben**
  Zentrale oder dezentrale IT-Bereiche des Unternehmens stellen den Geschäfts- und Fachbereichen Basisservices sowie ausgewählte Geschäftsszenarien als interne Dienstleistung zur Verfügung.

	Vorteile (aus Bereichssicht)	Nachteile (aus Bereichssicht)	Strategische Einsatzfelder
Zentral	▶ geringere IT-Kosten ▶ Nutzung von Synergieeffekten ▶ Möglichkeit des Outsourcing einzelner Funktionen ▶ Portalbetrieb ist zumeist keine dezentrale Kernkompetenz	▶ frühe Projekte gehen in »Vorleistung« – im Hinblick auf die Mehrfachnutzung ▶ zumeist kein direkter Einfluss auf zentral verwaltete Funktionen und Ressourcen ▶ kurzfristiger Aufwand durch Migration von eventuellen Altportalsystemen	▶ Realisierung konzernweiter Ziele ▶ strategische Integrationsplattform bei vielen standardisierbaren Prozessen und/oder Shared Services ▶ gleichverteilte Menge an Einsatzszenarien
Dezentral	▶ hohe Abdeckung auch spezifischer funktionaler Anforderungen ▶ Preise für Betrieb und Entwicklung eigenständig verhandelbar ▶ Berücksichtigung vorhandener eigener Technologien, Systeme und Kompetenzen beim Aufbau des Portals	▶ Aufbau und Vorhaltung eigener Ressourcen und Kompetenzen erforderlich ▶ Gefahr der »unsicheren« Investition bei fehlender Inkompatibilität der eigenen Lösung mit der Konzern-IT-Strategie ▶ fehlende Unterstützung konzernweiter Shared Services	▶ komplett autarke und heterogene Systemlandschaften und geringe Anzahl an bereichsübergreifenden Informationsflüssen ▶ fehlende konzernweite IT-Strategie ▶ stark ausgeprägte bereichsspezifische Prozesslandschaft

Abbildung 2.10 Vor- und Nachteile zentraler und dezentraler Steuerungsstrategien

In der Praxis überwiegt in frühen Phasen eines Portalprogramms der technologiegetriebene Ansatz. Wichtig ist dabei, dass Sie die Geschäfts- und Fachbereiche als Kostenträger und Nutzungsentscheider frühzeitig in die Diskussion über Chancen und Ausgestaltungsmöglichkeiten der zentralen Portaleinführung einbeziehen. In späteren Phasen sollte der Impuls zur Weiterentwicklung Ihres SAP NetWeaver Portal an Geschäfts- oder Fachbereiche in Form einer Beziehung zwischen Auftraggeber und Auftragnehmer übergeben werden.

Bei allen Varianten ist es entscheidend, eine organisatorische Positionierung der Verantwortung für das Portal zu finden, aus der ein bereichsübergreifender Integrationsgedanke mit der nötigen Richtlinienkompetenz durchgesetzt werden kann.

Da der Erfolg der unternehmensweiten »Vermarktung« des Unternehmensportals erfahrungsgemäß mit dem Grad der Konzernzentralisierung korreliert, ist es insbesondere in dezentralen Entscheidungskulturen erfolgskritisch, andere Unternehmensbereiche in das Portalprogramm zu integrieren.

2.7 Zusammenfassung

Die übergreifende Bedeutung von Unternehmensportalen in vielen Unternehmen erfordert die Entwicklung einer Portalstrategie sowie die Ableitung einer übergeordneten Vision. Um diese Vision im Unternehmen zu verankern, müssen Sie für eine Einbettung der Portalstrategie sowohl in die Geschäfts- als auch in die IT-Strategie sorgen. Für die Umsetzung der Portalstrategie eignet sich eine Portal-Roadmap, in der sämtliche Aktivitäten konsolidiert geplant und gesteuert werden können.

3 Business Case: Nutzendimensionen identifizieren und bewerten

Nachdem Sie eine Portalstrategie für Ihr SAP NetWeaver Portal entwickelt haben, stellt sich die Frage nach dem Business Case. Gerade in Zeiten wirtschaftlicher Konsolidierung ist es erforderlich, dass Sie die Wirtschaftlichkeit Ihres Unternehmensportals belegen können. Dazu muss der Nutzen des Portals die getätigten Investitionen und die laufenden Kosten grundsätzlich rechtfertigen.

Viele Unternehmen stehen jedoch vor der Herausforderung, dass gerade der Nutzen des Unternehmensportals schwierig zu identifizieren ist. Im Folgenden erfahren Sie deshalb, welche Nutzendimensionen es gibt, welche Möglichkeiten Sie haben, den Nutzen zu bestimmen, wie Sie dabei vorgehen sollten und was zu beachten ist. Abschließend wird das Thema »Kostenmanagement für Portale« skizziert.

3.1 Nutzenbegriff und Nutzendimensionen

Um den Nutzen des SAP NetWeaver Portal zu bestimmen, muss zunächst der Nutzenbegriff erläutert werden. Dabei können mehrere Dimensionen unterschieden werden, die in Abbildung 3.1 dargestellt sind.

Der Nutzen Ihres SAP NetWeaver Portal kann sowohl quantifizierbar, also messbar bzw. berechenbar, als auch qualitativ sein. Zwar ist für eine fundierte Wirtschaftlichkeitsbetrachtung als Grundlage für eine Investitionsentscheidung eine Berechnung des quantifizierbaren Nutzens notwendig, jedoch gibt es auch zahlreiche qualitative Nutzenwirkungen; zumeist besteht ein Business Case aus beiden Teilen. Ein Beispiel für einen qualitativen Nutzen ist die verbesserte Benutzerfreundlichkeit durch die rollengerechte Aufbereitung von Inhalten (u. a. Informationsquellen, Geschäftsprozesse) im Portal.

Gerade weil Programme für Unternehmensportale häufig langfristig ausgelegt und mit einem strategischen Ziel verknüpft sind – z. B. der Steigerung der Innovationskraft des Unternehmens – ist der Nutzen nicht genau messbar, sondern lässt sich nur qualitativ darstellen. Dem qualitativen Nutzen stehen quantifizierbare Nutzeneffekte gegenüber, die wiederum auf zwei verschiedene Arten klassifiziert werden können:

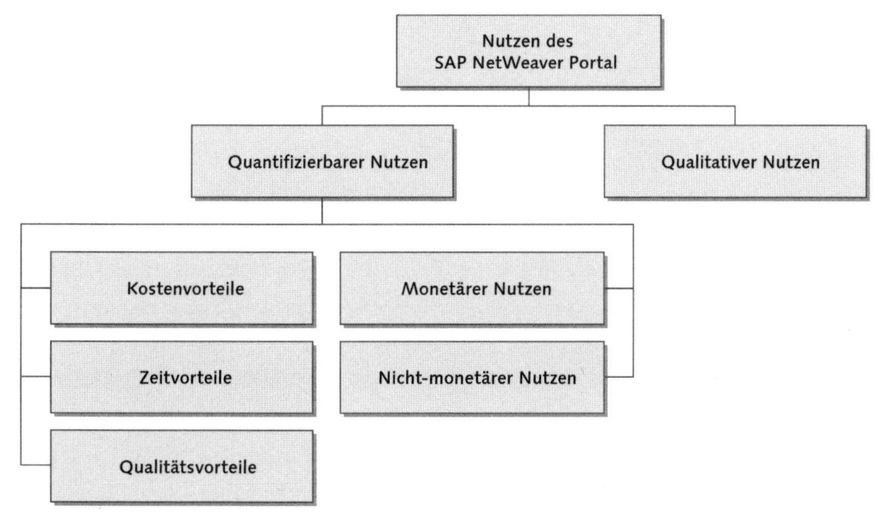

Abbildung 3.1 Nutzendimensionen von Unternehmensportalen

- **Monetärer Effekt**
  Sie können unterscheiden zwischen einem Nutzeneffekt mit monetärer Auswirkung – z. B. reduzierte Auszahlungen für Webagenturen durch ein standardisiertes Layout und einen einheitlichen Redaktionsprozess im Portal – und nicht-monetären Effekten. Letztere sind besonders bedeutsam, weil sie zwar einen klar berechenbaren und messbaren Vorteil darstellen, sich aber nicht in einem harten Business Case niederschlagen; ein Beispiel dafür ist die Prozessbeschleunigung bei Self-Service-Szenarien für Führungskräfte. Denn bei vielen Unternehmen ist das zugrunde liegende Entlohnungsmodell unabhängig von der Arbeitszeit, sodass eine Zeiteinsparung zwar positive Auswirkungen auf die Produktivität der Führungskraft hat, sich diese aber nicht im Budget einer zugeordneten Kostenstelle niederschlagen. Um derartige Vorteile trotzdem zu erfassen, verwenden viele Unternehmen Kennzahlen wie »Process Excellence« oder »Operational Excellence«.
- **Nutzenvorteil**
  Betriebswirtschaftlicher Nutzen äußert sich zumeist vorteilhaft für die drei Kennzahlen Kosten, Zeit und Qualität. Dabei ist ein Kostenvorteil Ihres SAP NetWeaver Portal zugleich auch immer ein monetärer Nutzen. Zeitliche Vorteile können entweder nicht-monetär sein (siehe oben) oder monetäre Auswirkungen haben, wenn beispielsweise durch eine automatisierte Berichtserstellung über das SAP NetWeaver Portal die Durchlaufzeit von Prozessen sinkt, was zu einer erhöhten Effizienz und damit zu verringerten Prozesskosten führt. Qualitätsvorteile können ebenfalls sowohl monetäre als auch nicht-monetäre Auswirkungen haben.

Der Nutzen, den Sie durch den Einsatz des SAP NetWeaver Portal erzielen, hat also viele Facetten. Um dennoch eine einheitliche Verwendung des Nutzenbegriffs zu fördern, bietet sich die nachfolgende Definition an: Der Nutzen des SAP NetWeaver Portal ist entweder ein bewertbarer positiver Beitrag im operativen Zielsystem oder eine Verbesserung der strategischen Wettbewerbsposition Ihres Unternehmens.

3.2 Nutzenidentifikation

Nachdem Sie wissen, welche unterschiedlichen Nutzendimensionen es gibt, besteht die Aufgabe nun darin, zu erkennen, in welchen dieser Nutzendimensionen Ihr SAP NetWeaver Portal einen Beitrag leistet. Die dafür erforderliche Identifikation des Nutzens ist häufig nicht leicht zu bewerkstelligen. Sie müssen sich dafür zunächst mit der Frage auseinandersetzen, welche strategische Rolle das Portal in Ihrem Unternehmen einnimmt (siehe hierzu Kapitel 2).

Merkmalspaare zur Nutzenidentifikation

Die Problematik wird – wie bereits in Abschnitt 1.1 erwähnt – daran deutlich, dass sich Portale nicht eindeutig entweder Anwendungssystemen oder Infrastruktursystemen zuordnen lassen. Diese »Dualität« äußert sich nicht allein in der Frage nach der Informationsklasse, sondern auch in den Ausprägungen verschiedener Beschreibungsparameter, wie in Abbildung 3.2 dargestellt.

Unabhängig von der strategischen Ausrichtung Ihres SAP NetWeaver Portal sollten Sie immer einen Business Case erstellen, um die wirtschaftliche Bedeutung des Portals für das Unternehmen darzustellen. Trägt Ihr Programm zur Umsetzung strategischer Ziele bei, wird das Top-Management jedoch aufgrund der strategischen Dimension eher qualitative Nutzenbestandteile mittragen – in dem Wissen, dass eine Quantifizierung des Nutzens wegen des Top-down-Ansatzes und der Langfristigkeit des Programms nicht mit vernünftigem Aufwand zu leisten und auch nicht sinnvoll ist. Wird das Portal hingegen als operatives Werkzeug betrachtet, so muss es seine Wirtschaftlichkeit sofort unter Beweis stellen.

Wenn Sie das SAP NetWeaver Portal vornehmlich als Applikation ansehen, setzen Sie es zur Unterstützung ganz bestimmter Geschäftsvorfälle ein. Dagegen ist eine Infrastruktur eher als zentrales Serviceangebot zu verstehen. Letztlich ist das Portal dann vergleichbar mit der Telefonanlage oder dem E-Mail-System des Unternehmens. Das hat große Auswirkungen auf die Business-Case-Berechnung. Denn eine Anwendung soll sich rentieren, d. h., der monetäre Nutzen muss die Kosten übertreffen. Bei einer Infrastruktur ist die Erwartungshaltung anders: Die Kosten für Ihren Betrieb werden budgetiert, ohne dass grundsätzlich ein positiver Zahlungsstrom erwartet wird.

Abbildung 3.2 Merkmalspaare zur Nutzenbeschreibung

Ähnlich gelagert ist die Frage nach Geschäftsprozess- bzw. IT-Bezug. Wird das SAP NetWeaver Portal von einer Fachabteilung vorangetrieben, liegt zumeist ein konkreter Bezug zu einem oder mehreren Geschäftsprozessen vor. Beispielsweise ist häufig die Personalabteilung Initiator für den Einsatz des SAP NetWeaver Portal im Unternehmen. In anderen Fällen ist das Portal technologiegetrieben. Ein Beispiel dafür ist die Entscheidung eines Unternehmens, dass das SAP NetWeaver Portal für die Mehrzahl der Mitarbeiter als neues Frontend fungiert.

Daraus abgeleitet ergibt sich die Frage nach der Kostenart, mit der ein monetärer Nutzen des Unternehmensportals zu quantifizieren ist. Dabei unterscheiden Sie zwischen Prozesskosten (z.B. Personalkosten für bestimmte Administrationsprozesse in der Personalabteilung) und IT-Kosten (z.B. für den Betrieb von Informationssystemen).

Außerdem müssen Sie beachten, ob der Nutzen, den Sie mit dem SAP NetWeaver Portal erzielen, wirksam ist im Sinne eines Zahlungsstroms und sich so in der Gewinn- und Verlustrechnung niederschlägt, oder ob der Nutzen zwar quantifiziert werden kann, aber eben nicht zu reduzierten Auszahlungen führt. Dieser Aspekt wird häufig vernachlässigt, was vollständig unrealistische Business-Case-Berechnungen verursacht.

Praxisbeispiel zur Nutzenidentifikation

Nehmen Sie an, in einer Abteilung ist ein Mitarbeiter für die monatliche Aufbereitung von Kostenstellenberichten verantwortlich. Die Erstellung dieser Art von Berichten ist in diesem Unternehmen also vollständig dezentralisiert. Der Ablauf ist in allen 500 Abteilungen ähnlich. Der Mitarbeiter wendet für diese Aufgabe monatlich sechs Arbeitsstunden auf, wobei eine Arbeitsstunde mit 50 Euro zu veranschlagen ist. Durch die Einführung von SAP NetWeaver Portal wird die Berichterstellung standardisiert und über das Portal verfügbar gemacht. Die Berichte sind per Mausklick in Sekundenschnelle erstellt.

Man könnte nun folgende (unzulässige) Berechnung des monetären Nutzens durchführen: Die Kosten pro monatlichem Bericht betragen 300 Euro (sechs Stunden multipliziert mit dem Stundensatz von 50 Euro) pro Abteilung, also 3.600 Euro jährlich. Multipliziert mit der Zahl der Abteilungen im Unternehmen ergibt sich also eine Kosteneinsparung von 1,8 Mio. Euro. Diese Rechnung ist zwar mathematisch korrekt, aber kostenrechnerisch nicht verwendbar.

Sie können den Nutzeneffekt von sechs Stunden im Monat nicht realisieren, weil der Mitarbeiter eben im überwiegenden Teil seiner Arbeitszeit keine Berichte erstellt, sondern andere Aufgaben erledigt. Geht man von einer wöchentlichen Arbeitszeit von 40 Stunden aus, wendet der Mitarbeiter nur 3,75 Prozent seiner Zeit für die Berichterstellung auf. Sie können aber aufgrund gängiger arbeitsvertraglicher Regelungen nicht 3,75 Prozent der Personalkosten sparen, was Voraussetzung für die Realisierung des Nutzenpotenzials wäre.

Der gesamte Nutzen fällt also in einer Vielzahl unterschiedlicher Kostenstellen an, sodass pro Kostenstelle nur ein Bruchteil des Nutzens zurechenbar und aufgrund der arbeitsteiligen Organisation nicht realisierbar ist.

Der Effekt ließe sich nur dann realisieren, wenn beispielsweise eine zentrale Berichtserstellung existierte. Bei gleichen Rahmenbedingungen würde die Berichtserstellung in diesem Fall ein jährliches Arbeitsstundenaufkommen von 36.000 Stunden (zwölf mal sechs Stunden pro Abteilung mal 500 Abteilungen) bedeuten. Wird weiterhin angenommen, dass ein Mitarbeiter 1.600 Stunden pro Jahr arbeitet, könnte mit dem Portal die Arbeitszeit von ca. 22 Mitarbeitern gespart werden.

Im Gegensatz zum ersten Fall fällt der gesamte Nutzen bei der zentralen Berichtserstellung in einer Kostenstelle an, in der die Arbeitsteilung sehr niedrig ist. Deshalb ist in dieser Konstellation der Nutzen auch tatsächlich realisierbar.

3.3 Methoden der Nutzenberechnung

Nachdem Sie geklärt haben, welche Nutzendimensionen Sie für Ihr SAP NetWeaver Portal betrachten möchten, und wie der Nutzen identifiziert wird, müssen Sie festlegen, mit welcher Methode die Wirtschaftlichkeit nachgewiesen werden soll.

Grundsätzlich stehen dafür die »klassischen« finanzmathematischen Verfahren zur Bewertung von Investitionsentscheidungen zur Verfügung: die Kapitalwertmethode, die Berechnung des internen Zinsfußes, sowie der so genannte *Return on Investment* (ROI). Alle drei Verfahren basieren auf der Annahme, dass Implementierung und Nutzung des SAP NetWeaver Portal eine Investitionsentscheidung bilden, bei der einer anfänglichen Anschaffungsinvestition über die Nutzungsdauer hin jährliche Einzahlungsüberschüsse gegenüberstehen. Dieser grundsätzliche Zusammenhang, der allen drei Verfahren zugrunde liegt, ist in Abbildung 3.3 dargestellt. Je nach Verfahren werden die Zahlungsströme in unterschiedlicher Weise interpretiert.

Die drei ausgewählten Verfahren sind in diesem Zusammenhang folgendermaßen einzusetzen:

- **Kapitalwertmethode**
  Der Kapitalwert ist die Summe aller auf den Zeitpunkt der Anschaffung abgezinsten Einzahlungsüberschüsse. Er beschreibt somit den Gegenwartswert einer Investition.
- **Interner Zinsfuß**
  Der interne Zinsfuß beschreibt denjenigen Verzinsungsfaktor, bei dem die Investition einen Kapitalwert von Null erbringt. Die Investition ist dann wirtschaftlich vorteilhaft, wenn dieser Verzinsungsfaktor größer als ein Referenzsatz ist.
- **Return on Investment**[1]
  Bei der Berechnung des Return on Investment haben sich in der Praxis zwei Varianten herausgebildet: Im ersten Fall ist der ROI eine Verhältniszahl aus der Summe der Einzahlungen und der Summe der Auszahlungen. Bei der zweiten Variante gibt der ROI den Zeitpunkt an, ab dem die Summe der Einzahlungen gleich der Summe der Auszahlungen ist. Dieser Punkt wird als »Break-even« bezeichnet.

Um diese Berechnungsverfahren sinnvoll einsetzen zu können, müssen Sie die Einzahlungsströme, die Sie mit Ihrem SAP NetWeaver Portal generieren, möglichst genau bestimmen können. Sie sind die Grundlage für die Solidität des quantifizierten Teils des Business Case. Was Sie dabei beachten müssen, ist im folgenden Abschnitt erläutert.

1 Der Return on Investment hat seinen Ursprung in der Bewertung der Leistungsfähigkeit von Unternehmen und spiegelt das Verhältnis zwischen Gewinn und eingesetztem Kapital wider. Erst in jüngerer Vergangenheit wird der ROI auch zur Bewertung von Einzelinvestitionen herangezogen. Dabei werden unterschiedliche Interpretationen des Ansatzes verwendet, sodass Sie bei der Verwendung dieser Kennzahl immer auf die Rahmenbedingungen und die Berechnungsmethode achten sollten.

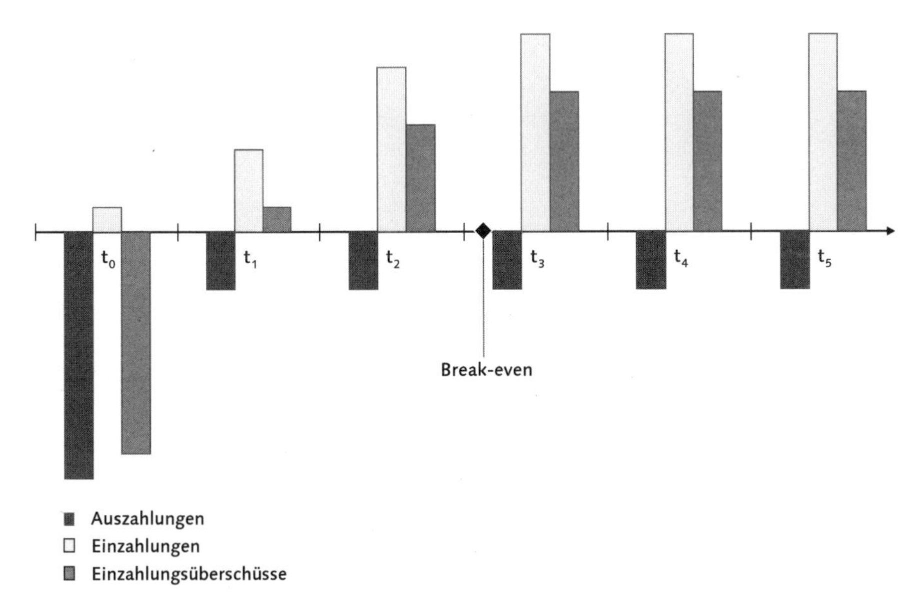

Abbildung 3.3 Typischer Zahlungsstromverlauf eines Portalprogramms

3.4 Erfolgsfaktoren für die Praxis

Die dargestellten Verfahren sind allgemein gültig und werden bei Portalprogrammen mit dem SAP NetWeaver Portal genauso verwendet wie bei anderen Projekten mit IT-Bezug. Es gibt jedoch einige Besonderheiten von Portalprogrammen, die bei der Bestimmung der Zahlungsströme zu beachten sind.

Interpretation des Einzahlungsstroms

Einzahlungen können unterschiedlicher Natur sein. Jedoch sind die Einzahlungsströme interner Unternehmensportale in den meisten Fällen von Kosteneinsparungen geprägt. Das liegt an der oft vorliegenden Motivation, über ein Portal die Effizienz von Abläufen zu steigern. Einzahlungsströme bzw. Kosteneinsparungen können Sie in diesen Fällen als »vermiedene Auszahlungen« interpretieren.

Bei externen Kundenportalen beispielsweise treten durchaus Einzahlungen im eigentlichen Sinne auf, beispielsweise wenn durch die Bereitstellung bestimmter Dienste in einem Kundenportal der Umsatz für eine Produktgruppe gesteigert werden kann.

Schneeballeffekt

Wenn Sie ein Portalprogramm auflegen, sind zu Beginn nicht alle Anwendungen, die im Portal laufen werden, bekannt. Das bedeutet, dass Sie im Vorfeld nur einen Ausschnitt der Gesamtzahlungsströme schätzen können. Bei konservativer Abschätzung der zukünftigen Einzahlungsüberschüsse und gleichzeitiger Forcierung der Nutzung des SAP NetWeaver Portal für mehrwertstiftende Anwendungen sind Sie also auf der sicheren Seite. Diese Entwicklung wird häufig durch den so genannten *Schneeballeffekt* unterstützt. Dieser besagt im Wesentlichen, dass die Zahl der Anwendungen im Laufe der Zeit exponentiell steigt, weil die Zahl der Erfolgsgeschichten – und damit die Akzeptanz des Portals – sowie Lernkurveneffekte zunehmen.

Baseline-Effekt

Kein Portal entsteht auf der »grünen Wiese«. Die meisten Portalprogramme integrieren verschiedene bereits bestehende Initiativen oder lösen ältere Ansätze ab. Deswegen müssen Sie beachten, dass in bestimmten Fällen nicht die vollständige Nutzenwirkung einer Anwendung bzw. eines Self-Service-Szenarios durch die Portaleinführung realisiert werden kann. Vielmehr ist ein Teil des Nutzens eventuell schon abgeschöpft. Beispielsweise möchten Sie den Nutzen des Self-Service-Szenarios »Reisemanagement« bestimmen, haben aber schon vor der Einführung des SAP NetWeaver Portal eine Anwendung zur Unterstützung der Reisebeantragung über das Internet verwendet. Dann können Sie diese Vorteile nicht mehr dem Einsatz des Portals gutschreiben, sondern lediglich die nachgelagerter Prozess-Schritte, z. B. der Reiseabrechnung. Diesen so genannten *Baseline-Effekt* müssen Sie berücksichtigen und damit die »Null-Linie« Ihres Nutzenpotenzials festlegen.

Anrechenbarkeit des Nutzens

Aufgrund der eingangs beschriebenen Problematik, dass ein Portal weder ein reines Anwendungssystem noch eine reine Infrastruktur darstellt, werden Sie bei jeder im Portal laufenden Anwendung die Frage beantworten müssen, zu welchem Anteil der damit verbundene Nutzen dem SAP NetWeaver Portal oder der eigentlichen Anwendung anzurechnen ist. Beispielsweise wollen Sie allen Kostenstellenverantwortlichen im Unternehmen bestimmte Personalberichte zur Verfügung stellen. Zur Erstellung verwenden Sie SAP NetWeaver Business Intelligence und zur rollenspezifischen Darstellung das SAP NetWeaver Portal. Wie ist der Nutzen zuzuordnen? In der Praxis hat es sich bewährt, das Portal als strategisches Programm und in diesem Sinne als Wegbereiter und Beschleuniger für Prozessinnovation zu verstehen und ihm dann auch die Einzahlungsüberschüsse zuzurechnen. Bei diesem Vorgehen müssen Sie sicherstellen, dass Sie dafür ein klares Bekenntnis des Managements haben und dass die Nutzenvorteile nicht doppelt herangezogen werden.

Zeit der Nutzenrealisierung

Wie schon in Kapitel 2 erläutert, ist die Einführung eines Unternehmensportals kein »binäres Ereignis«, sondern ein Prozess, der Zeit beansprucht. Die Dauer der Implementierung des SAP NetWeaver Portal als zentrale Plattform und des anschließenden Roll-outs von darauf basierenden Anwendungen und Self-Service-Szenarien müssen Sie auch bei der Abschätzung der Zahlungsströme berücksichtigen. Typischerweise werden z. B. Employee Self-Services nicht gleichzeitig für alle Mitarbeiter verfügbar gemacht, sondern es gibt einen strukturierten Roll-out-Plan, bei dem Sie im ersten Jahr nach Produktivsetzung des SAP NetWeaver Portal 20 Prozent Ihrer Mitarbeiter erreichen, im zweiten Jahr 75 Prozent und erst im dritten Jahr die Endausbaustufe erreichen. Einen entsprechenden Faktor müssen Sie auch bei der Bestimmung der Einzahlungsüberschüsse ansetzen, die Sie mit den Self-Service-Szenarien generieren. Um außerdem weitere Auszahlungsströme für bisher genutzte Anwendungen zu vermeiden, müssen Sie den Zeitpunkt für das Abschalten dieser Altanwendungen fixieren und im Programmverlauf einhalten.

Steigender Grenznutzen

Eine Reihe von Anwendungen und Diensten, die über das SAP NetWeaver Portal zur Verfügung stehen, generieren umso mehr Nutzen, je mehr Anwendern sie zur Verfügung stehen. Ein gutes Beispiel für diesen Effekt ist *Knowledge Management und Collaboration* (KMC). Die team- und abteilungsübergreifende Zusammenarbeit ist für das Gesamtunternehmen – und auch für den einzelnen Mitarbeiter – umso nutzbringender, je mehr Mitarbeitern KMC zur Verfügung steht. Mit jedem zusätzlichen Mitarbeiter, der KMC verwendet, steigt der zusätzliche Nutzen. Häufig finden Sie zur Beschreibung dieses Phänomens auch den Begriff »Networking Effect«.[2]

Kostenrechnerische Erfassung

Wenn Sie beabsichtigen, mit dem Einsatz des SAP NetWeaver Portal Kosteneinsparungen zu erzielen, muss bei der Bestimmung der Einzahlungsüberschüsse auch deren kostenrechnerische Erfassung geklärt sein. Beispielsweise werden durch die weit reichende Nutzung von Self-Service-Szenarien zentrale Personalabteilungen entlastet, und es können dort Einsparungen erzielt werden. Wenn Sie also eine Zeitreihe mit Zahlungsströmen aufstellen, müssen Sie sich auch vergewissern, dass diese Einzahlungsüberschüsse – bzw. die vermiedenen Auszahlungen – realisiert werden können und das Budget der betroffenen Kostenstellen in den folgenden Jahren entsprechend gekürzt werden kann. Dies setzt das Einverständnis der beteiligten Abteilungen voraus, das Sie vor der Realisierung einholen müssen.

Skalierung

Achten Sie bei der Erstellung des Business Case darauf, dass Sie vorwiegend solche Anwendungen und Dienste zur Bestimmung der Einzahlungsströme für das SAP NetWeaver Portal heranziehen, die eine große Hebelwirkung

2 Dieses Phänomen ist nicht neu und tritt bei vielen Technologien auf, z. B. beim Telefon und beim Telefax. Sind Sie der einzige Mensch, der ein Telefon besitzt, nutzt es Ihnen nichts. Aber je mehr Menschen ebenfalls ein Telefon besitzen, umso nützlicher ist es für Sie – und für alle anderen.

hinsichtlich des Nutzens haben, die also *skalieren*. Gute Hebel sind die Zahl der Anwender bzw. Mitarbeiter und die Zahl der Wiederholungen. Das oben aufgeführte Beispiel der Berichtserstellung skaliert beispielsweise nicht über die Zahl der Wiederholungen, sondern nur über die Zahl der Anwender.

Ein gutes Beispiel für eine skalierende Anwendung im Portal ist das Reisemanagement, weil in den meisten Unternehmen viele Mitarbeiter oft reisen, sodass beide Hebel genutzt werden können. Ungünstig verhält es sich dagegen mit Self-Service-Szenarien wie dem Mitarbeitergespräch, weil es zumeist nur einmal im Jahr vorkommt und der Zeitvorteil bei der Führungskraft anfällt – und eben nicht bei allen Mitarbeitern im Unternehmen.

3.5 Vorgehensmodell

SAP Business Consulting hat die beschriebenen Erfahrungswerte in einem Beratungsservice zusammengefasst, dem so genannten *SAP Portal Value Profiler*. Dieser Service unterstützt Sie bei der Bestimmung des Nutzenpotenzials für Ihr Portalprogramm mit dem SAP NetWeaver Portal.[3]

SAP Portal Value Profiler

Der SAP Portal Value Profiler verfolgt das Ziel, den Nutzen von Unternehmensportalen auf Basis des SAP NetWeaver Portal abzuschätzen. Dabei werden sowohl konkrete Kosteneinsparungspotenziale als auch Process-Excellence-Potenziale berücksichtigt. Darüber hinaus besitzt der Portal Value Profiler folgende wesentlichen Eigenschaften:

- Zentrales Werkzeug des Services ist der Portal Value Profiler selbst, eine auf Microsoft Excel basierende Anwendung, die mit den Erfahrungswerten und Benchmarks aus mehr als hundert Portalprojekten sowie mit den Ergebnissen aus Studien von Analysten gefüllt ist. Das Werkzeug ist also vollständig faktenbasiert.
- Der Portal Value Profiler ist branchenübergreifend einsetzbar, weil sein Schwerpunkt auf der Betrachtung von Unterstützungsprozessen liegt.
- Der Service zur Abschätzung des Nutzenpotenzials vereint tiefes Wissen um das SAP NetWeaver Portal mit profunder Methodenkompetenz.
- Ein Einsatz ist sowohl zur Ex-ante-Abschätzung vor dem Start eines Portalprogramms als auch während des Roll-outs möglich.

Vorgehensweise und Methodik

Der Service SAP Portal Value Profiler basiert auf einem phasenweisen Ansatz. Dieser besteht aus insgesamt fünf Schritten, wie in Abbildung 3.4 dargestellt.

	Kick-off	Vorbereitung	Analyse	Wertermittlung	Ergebnispräsentation
Aktivitäten	▶ Darstellung der Methode ▶ Definition des Projektumfangs	▶ Analyse von Vorarbeiten ▶ Bereitstellung von Basisdaten	▶ Workshop-Durchführung	▶ Ergebniskonsolidierung ▶ Klärung offener Punkte	▶ Ergebnispräsentation ▶ Ableitung eines Aktionsplans
Ergebnis	▶ Projektumfang definiert ▶ Projektplan erstellt	▶ Ist-Situation analysiert ▶ Basisdaten erfasst	▶ kundenindividuelle Werte erhoben	▶ Ergebnisse ermittelt	▶ Ergebnisse und Werte präsentiert
Werkzeug	▶ Überblickspräsentation	▶ Portal Value Profiler	▶ Portal Value Profiler	▶ Portal Value Profiler	▶ Vorlage zur Ergebnispräsentation
Wer?	▶ Management	▶ Management ▶ Prozessverantwortliche ▶ IT-Manager	▶ Prozessverantwortliche ▶ IT-Manager	▶ Prozessverantwortliche ▶ IT-Manager	▶ Management ▶ Prozessverantwortliche ▶ IT-Manager

Abbildung 3.4 Methodik des SAP Portal Value Profiler

3 Weiterführende Informationen zum SAP Portal Value Profiler sind bei SAP Business Consulting erhältlich.

In der **Kick-off-Phase** werden grundsätzliche Rahmenbedingungen und die detaillierte Zielsetzung des Einsatzes geklärt. Im zweiten Schritt, der **Vorbereitungsphase**, werden dann Basisdaten Ihres Unternehmens erhoben, die für die anschließende Abschätzung des Nutzens erforderlich sind. Dazu gehören beispielsweise durchschnittliche Personalkosten, jährliche Arbeitszeiten und Ähnliches. Die folgende **Analysephase** besteht aus einer Serie von Workshops, in denen für sieben funktionale Prozessbereiche sowie für den Bereich der IT-Kosten Nutzenpotenziale ermittelt werden. Die Auswahl der sieben Prozessbereiche spiegelt die Erfahrungen anderer Portalprogramme wider, denn es handelt sich dabei um die Bereiche, die zum Erfolg eines Unternehmensportals beitragen. Es sind im Einzelnen:

- Content Management
- Knowledge Management
- HR Self-Services
- Berichtswesen
- Personalentwicklung
- Beschaffung
- Projektmanagement

Die Abschätzung des Nutzenpotenzials erfolgt für jeden Prozessbereich über einen Vergleich der Ausgangssituation im Unternehmen mit einem Benchmark. Als zentrales Werkzeug wird dabei das Excel-Werkzeug verwendet. Abbildung 3.5 enthält einen exemplarischen Ausschnitt des Portal Value Profilers aus dem Bereich HR Self-Services.

Nach der Workshop-Phase werden die Ergebnisse konsolidiert und es wird eine Gesamtabschätzung des Nutzenpotenzials für alle analysierten Bereiche entwickelt (**Wertermittlung**). In diesem Schritt werden auch noch offene Punkte geklärt und beispielsweise Fragen der Anrechenbarkeit oder der GuV-Wirksamkeit (siehe oben) erörtert. Anschließend werden die **Ergebnisse** präsentiert.

Ergebnisse

Der SAP Portal Value Profiler liefert eine Abschätzung der zu erwartenden Einzahlungsströme für Ihr SAP NetWeaver Portal sowie quantifizierbare, aber nicht-monetäre Nutzeneffekte. Zentrales Element der Ergebnisdarstellung ist das Nutzenportfolio, in dem Kosteneinsparungen den Process-Excellence-Potenzialen gegenübergestellt werden. Abbildung 3.6 enthält eine exemplarische Ausprägung des Nutzenportfolios unter Berücksichtigung des Baseline-Effekts.

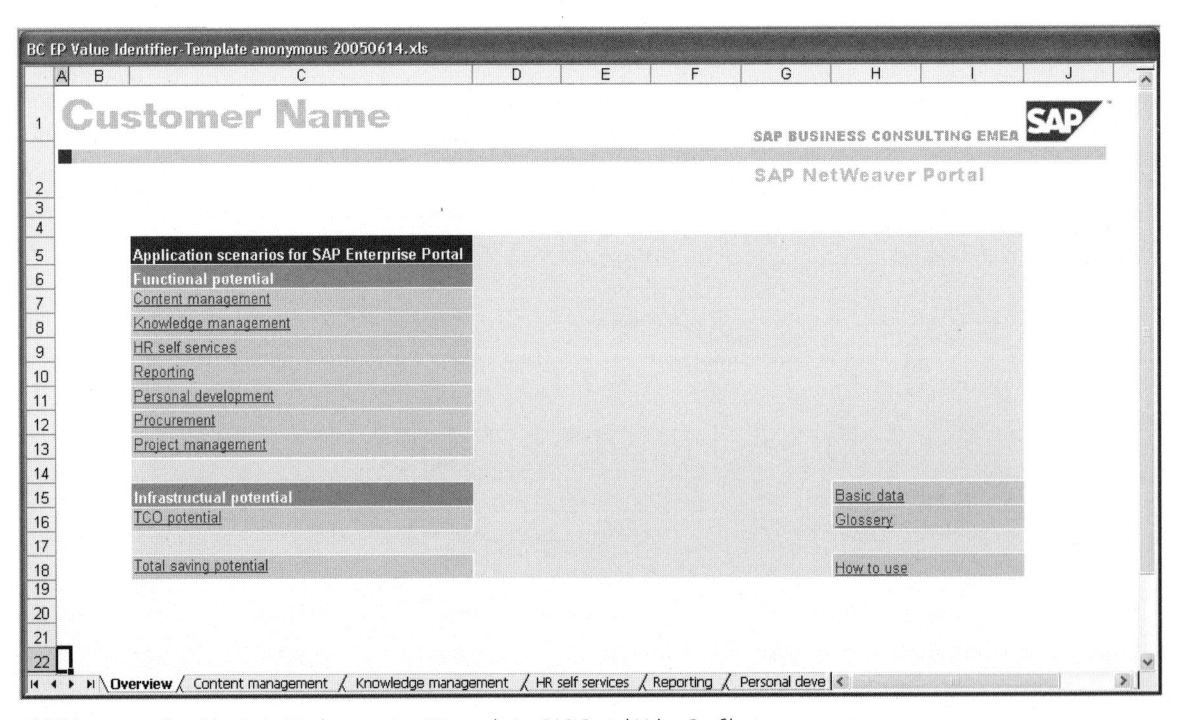

Abbildung 3.5 Excel-basierte Werkzeugunterstützung beim SAP Portal Value Profiler

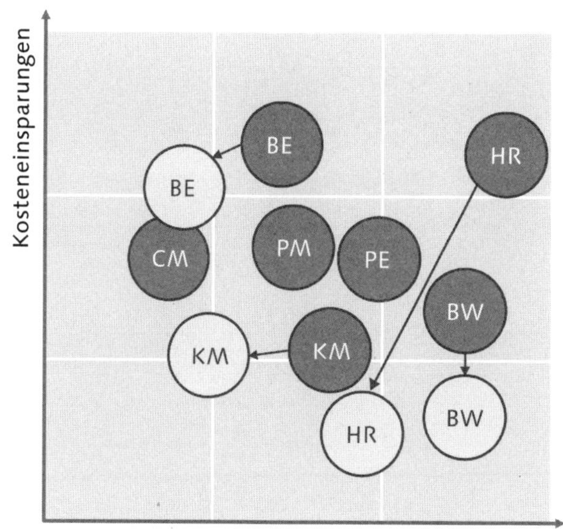

Process Excellence

CM Content Management
KM Knowledge Management
HR HR Self-Services
BW Berichtswesen
BE Beschaffung
PE Personalentwicklung
PM Projektmanagement
● Idealwert
○ Ist-Wert für ausgewählte Szenarien unter Berücksichtigung des Baseline-Effekts

Abbildung 3.6 Exemplarisches Nutzenportfolio

Bei der Verwendung des Portal Value Profiler ist zu beachten, dass die Ergebnisse keine Aussagen über die Kosten Ihres Portalprogramms berücksichtigen. Der Service liefert Ihnen also lediglich Erkenntnisse über die Nutzenseite Ihres Business Case.

3.6 Kostenmanagement

Um einen vollständigen Business Case errechnen zu können, müssen Sie den Nutzenpotenzialen, die Sie mit dem SAP NetWeaver Portal realisieren wollen, die Kosten gegenüberstellen, die für die Einführung und den Betrieb anfallen. Für ein effizientes Kostenmanagement bietet sich das TCO-Modell (*Total Cost of Ownership*) von SAP an, das in seiner grundlegenden Struktur in Abbildung 3.7 auf Seite 34 dargestellt ist.

Das Modell dient Ihnen zur Identifikation und Strukturierung der Kostenarten, die bei der Einführung und beim Betrieb des Unternehmensportals anfallen. Im Gegensatz zur Nutzenidentifikation, bei der Sie die Einzahlungsströme bestimmen, verwenden Sie das TCO-Modell zur Bestimmung der Auszahlungsströme im Sinne der in Abbildung 3.3 dargestellten Systematik.

Das TCO-Modell unterscheidet darüber hinaus zwischen einmaligen Kosten und laufenden Kosten. Zu den einmaligen Kosten gehören:

- Investitionen in Hardware und Software
- Einführungskosten
- Kosten für so genannte *Continuous-Improvement-Projekte*
- Kosten für Upgrade-Projekte

Dem stehen laufende Kosten gegenüber:

- laufende Kosten für Hardware und Software
- Betriebskosten
- Kosten bzgl. Endanwendernutzung

Die Höhe der Kosten hängt von einer Vielzahl von Einflussfaktoren und damit vom jeweiligen Einzelfall des Portaleinsatzes ab. Deswegen werden an dieser Stelle keine Richtwerte genannt, sondern es wird auf standardisierte SAP-Beratungsleistungen verwiesen – z. B. auf die TCO-Analyse –, die Sie bei der Erfassung, Optimierung und Kontrolle Ihrer Kostenstruktur unterstützen.

3.7 Zusammenfassung

Der betriebswirtschaftliche Nutzen eines Unternehmensportals tritt in unterschiedlichen Dimensionen auf und kann entweder qualitativer Natur sein oder direkt messbar. Um im Sinne einer Investitionsentscheidung Einzahlungsströme zu vergleichen, die der Einsatz Ihres SAP NetWeaver Portal erzeugt, müssen Sie quantifizierbare und monetär bewertbare Nutzenpotenziale bestimmen. Um einen vollständigen Business Case zu erstellen, müssen Sie zusätzlich auch die Auszahlungsströme bestimmen, die für die Einführung, den Roll-out und den Betrieb des Portals anfallen. Für beide Aufgaben bietet SAP unterstützende Werkzeuge an: den Portal Value Profiler zur Ermittlung des Nutzenpotenzials und das TCO-Modell zur Identifikation und Strukturierung der Kosten.

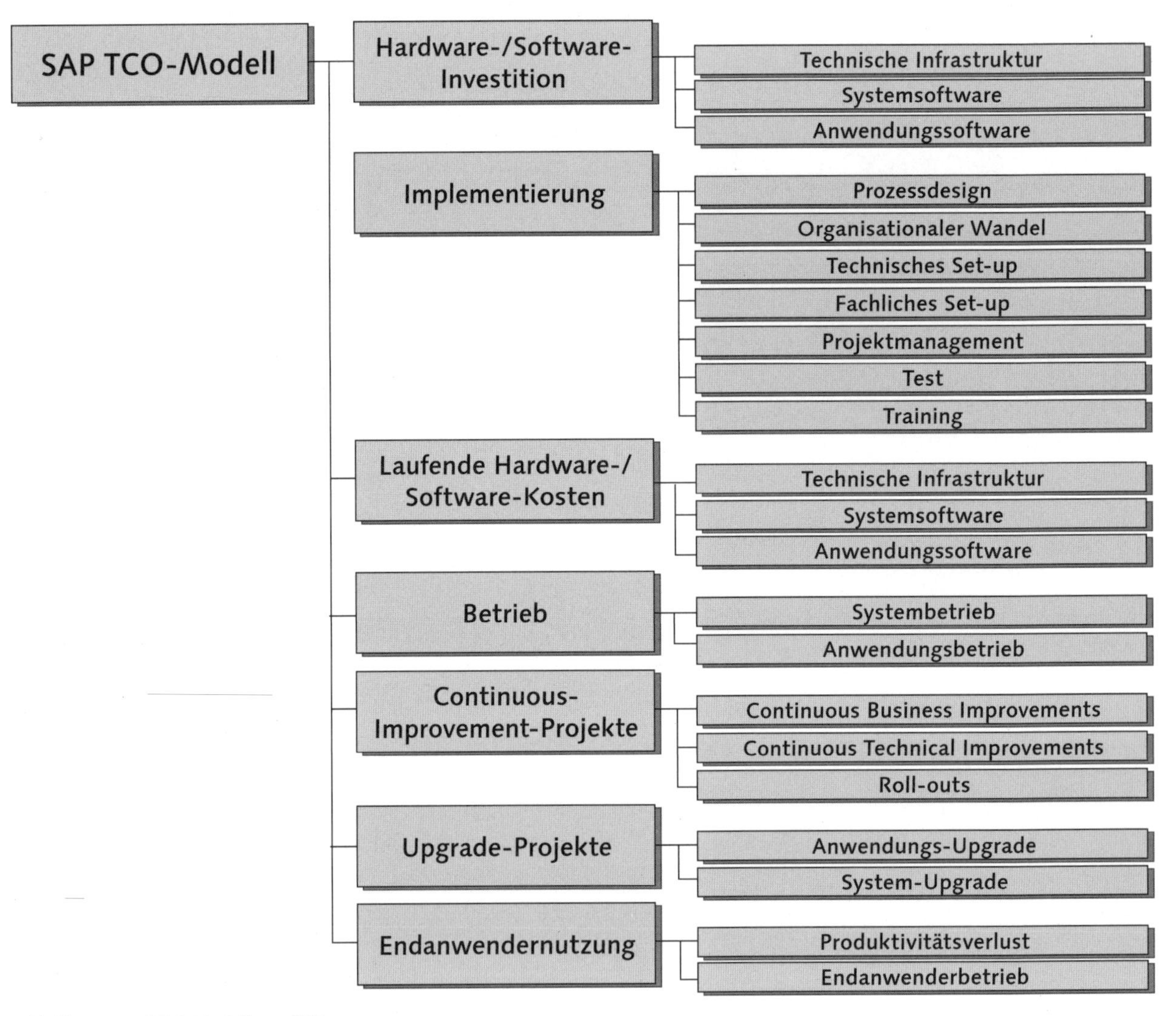

Abbildung 3.7 TCO-Modell von SAP

4 Programm-Management für Portale: Governance-Strukturen entwickeln und Prozesse etablieren

Nachdem Sie die Strategie für den Einsatz Ihres SAP NetWeaver Portal definiert und einen Business Case erstellt haben, der von den Entscheidungsträgern in Ihrem Unternehmen bestätigt wurde, müssen Sie im nächsten Schritt das Portalprogramm aufsetzen.

Dieses Kapitel gibt Ihnen einen Überblick über die Charakteristika des Programm-Managements für Portale und stellt dar, welche strategischen und operativen Funktionen Sie in diesem Zusammenhang wahrnehmen müssen.

4.1 Motivation des Programm-Managements

Die Integration einer Portalplattform in die bestehende Systemlandschaft eines Unternehmens und ihr kontinuierlicher Ausbau stellen ein unternehmensweites, meist globales, Integrationsvorhaben dar. Die Realisierung der damit verbundenen, vielschichtigen Nutzenpotenziale erfolgt im Rahmen eines mittel- bis langfristigen Entwicklungsprogramms, das sich aus einem koordinierten Portfolio von einzelnen Projekten zusammensetzt. Die strategischen Ziele für das Unternehmensportal können nicht durch ein Einzelprojekt, sondern nur durch die Summe der Teile des Projektportfolios erreicht werden.

Für die strategische und operative Steuerung derart komplexer Portalinitiativen hat sich in der Praxis der Einsatz eines Programm-Managements bewährt.

Programm- vs. Projektmanagement

Im Unterschied zum Programm-Management handelt es sich beim Projektmanagement um eine temporäre Organisation, die notwendig ist, um ein einzigartiges und vordefiniertes Ergebnis in einer bestimmten Zeit unter Nutzung vorbestimmter Ressourcen zu erzielen. Dagegen bezieht sich der Begriff Programm-Management auf ein koordiniertes Projektportfolio, das auf Veränderungen in Organisationen abzielt, um betriebswirtschaftliche Vorteile von strategischer Tragweite zu erreichen.

Der Zusammenhang zwischen Projekt- und Programm-Management bei der Einführung eines Unternehmensportals ist in Abbildung 4.1 dargestellt.

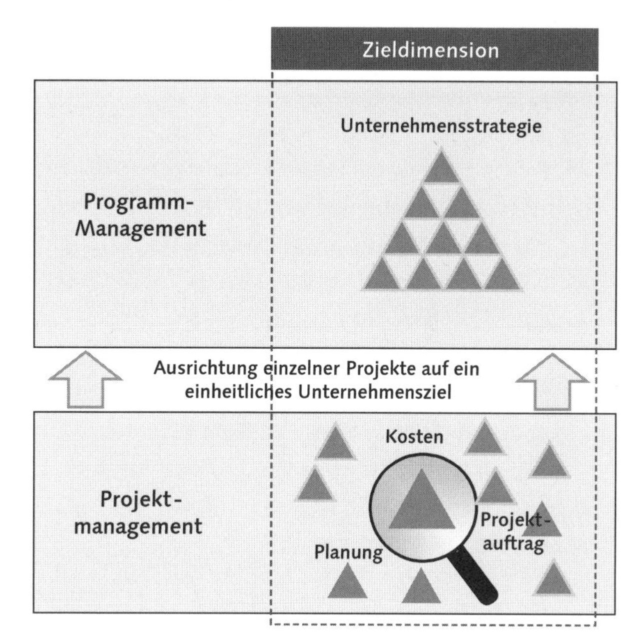

Abbildung 4.1 Zusammenhang zwischen Programm- und Projektmanagement

4.2 Programm- und Linienorganisation

Grundsätzlich gelten auch für die Einführung und den Betrieb eines Unternehmensportals die traditionellen Projektlebenszyklus-Phasen »Plan«, »Build« und »Run«. Aufgrund des strategischen und programmartigen Charakters bauen diese Phasen nicht sequenziell aufeinander auf, sondern überlappen sich. Insbesondere zwischen der Build- und Run-Phase findet sich kein trennscharfer

Übergang, sondern es handelt sich vielmehr um eine Art Regelkreis, bei dem die Erfahrungen und Anforderungen aus der Run-Phase für einen fortschreitenden Ausbau des Unternehmensportals in der Build-Phase sorgen (siehe Abbildung 4.2).

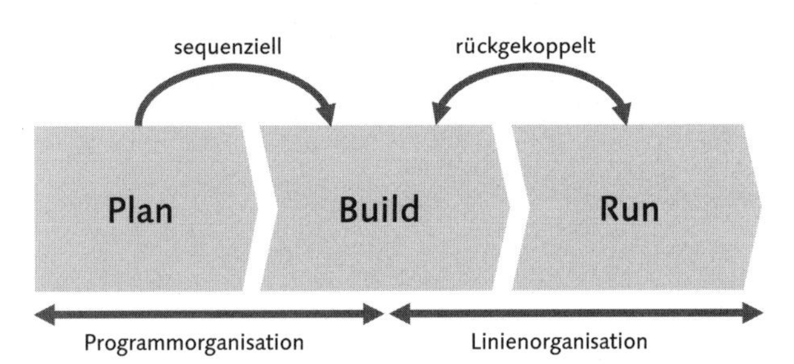

Abbildung 4.2 Übergang von einer Programm- in eine Linienorganisation

Um diesem Umstand Rechnung zu tragen, hat sich in der Praxis eine Unterscheidung zwischen den beiden folgenden Organisationsmodellen durchgesetzt:

- **Programmorganisation**
  Als Programm wird das Unternehmensportal während der Implementierung des SAP NetWeaver Portal, während des Aufbaus von Basisservices und bis zur Erreichung einer »kritischen Masse« im Sinne der Akzeptanz und der Reichweite gesteuert.
- **Linienorganisation**
  In späteren Phasen der Portal-Roadmap wird die Programmorganisation in eine Linienorganisation überführt. In der Praxis findet häufig zeitgleich ein Übergang der Konzentration von Verantwortlichkeiten von zentral nach dezentral statt.

Besondere Bedeutung kommt der Aufgabe zu, den Zeitpunkt des Übergangs zu definieren. Dafür müssen Sie im Vorfeld in Abstimmung mit den Sponsoren und Auftraggebern des Programms Kriterien definieren, mit deren Hilfe entschieden werden kann, wann die Programmorganisation aufgelöst und eine Linienorganisation geschaffen wird. Sinnvollerweise sind diese Kriterien an die strategischen Wirkungsdimensionen eines Portalprogramms (vertikale Eingriffstiefe, horizontale Reichweite, zeitliche Dauer) zu koppeln, die in Abschnitt 2.1 beschrieben sind.

Die in Abschnitten 4.3 bis 4.5 dargestellten Funktionen beziehen sich vornehmlich auf die Phase der Programmorganisation Ihres Unternehmensportals. Jedoch sind einige – insbesondere operative – Funktionen geeignet, in einer Linienorganisation aufgegriffen zu werden. Dies wird jeweils an geeigneter Stelle erläutert.

4.3 Funktionen des Programm-Managements für Portale

Die Funktionen, die Sie im Rahmen des Programm-Managements für Ihr Unternehmensportal abdecken müssen, können nach zwei verschiedenen Aspekten kategorisiert werden: Einerseits eignet sich als Merkmal die Tragweite der jeweiligen Funktion, dabei lässt sich zwischen strategischen und operativen Funktionen unterscheiden. Andererseits lässt sich das Programm-Management für Ihr Portalprogramm aus systemtheoretischer Sicht untergliedern in ein Außen- und ein Innenverhältnis. Beim Außenverhältnis geht es um die Frage, wie das Unternehmensportal als organisatorische Einheit in sein Ökosystem (Eco-System) eingebettet ist, während beim Innenverhältnis der Fokus auf der internen Organisationsstruktur und den internen Arbeitsabläufen liegt.

In Abbildung 4.3 ist das Ökosystem für das Programm-Management dargestellt. Aus der Darstellung wird ersichtlich, dass das Programm über Schnittstellen zu unterschiedlichen Interessensgruppen in Beziehung steht, z. B. zum Sponsor des Unternehmensportals, zu den einzelnen Geschäfts- und Fachbereichen und zu den Technologielieferanten. Die Ausgestaltung dieser Schnittstellen konkretisiert gleichzeitig die strategischen Funktionen, die Sie in Ihrem Programm abdecken müssen.

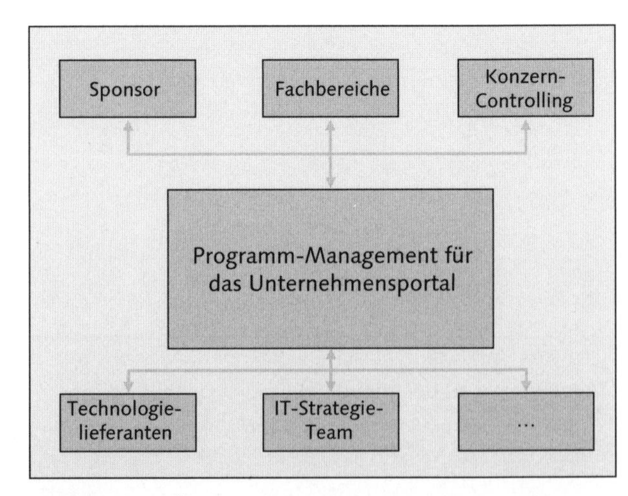

Abbildung 4.3 Ökosystem des Programm-Managements für Portale

Nachfolgend sind die wesentlichen strategischen und operativen Funktionen benannt, die Sie im Sinne einer »Checkliste« für den Aufbau Ihres Portalprogramms etablieren sollten. In den Abschnitten 4.4 und 4.5 werden die einzelnen Funktionen detailliert beleuchtet.

Strategische Funktionen

Die strategischen Funktionen dienen vornehmlich der bereichs- und abteilungsübergreifenden Positionierung des Portals im Unternehmen sowie seiner Verankerung in der Geschäfts- und IT-Strategie sowie in der Aufbauorganisation. Sie definieren den übergeordneten Rahmen, der dann durch die operativen Funktionen mit Leben gefüllt wird. Zu den strategischen Funktionen zählen im Einzelnen:

- Aufzeigen einer klaren Vision der Portalinitiative (siehe Abschnitt 2.2)
- Erarbeitung und Weiterentwicklung der Portal-Roadmap in Hinblick auf Geschäfts- und IT-Strategie sowie die Infrastrukturplanung (siehe Abschnitt 2.5)
- Ausrichtung aller involvierten Unternehmensbereiche auf die gemeinsame Portalstrategie mithilfe einer integrierten Change-Management-Strategie (siehe Kapitel 7)
- Aufzeigen von Migrationspfaden für einzelne Geschäfts- und Fachbereiche in Richtung der strategischen Portal-Roadmap
- Erstellung und kontinuierliche Fortschreibung des unternehmensweiten Business Case mit Fokus auf strategische Werttreiber (siehe Kapitel 3)
- Erarbeitung eines funktionierenden Geschäftsmodells zur Umsetzung der strategischen Zielsetzung inklusive geeigneter Kooperationsmodelle mit Partnern
- Performance-Management im Sinne der laufenden Überwachung von Zielgrößen (Meilensteine, kritische Erfolgsfaktoren) mithilfe geeigneter Ziel- und Berichtssysteme
- Risikomanagement mit Blick auf den kritischen Umsetzungspfad der Portal-Roadmap sowie kritische Erfolgsfaktoren
- Portfoliomanagement der im Programmablauf zu startenden und zu beendenden Einzelprojektaktivitäten inklusive der unternehmensweiten Konsolidierung von gleichgerichteten Projektvorhaben (frühzeitige Identifizierung und Vermeidung von nicht zielkonformen Aktivitäten, bzw. Nutzung von Synergieeffekten)
- Stakeholder-Management gegenüber Auftraggebern, internen Kunden und externen Partnern
- Aufbau und Entwicklung strategischer Allianzen mit Innovationspartnern (z. B. Unternehmen mit vergleichbaren Initiativen, Dienstleistungsunternehmen, Softwareanbieter)
- Installation eines Governance-Modells für das Unternehmensportal zur Definition von Rahmenbedingungen, »Spielregeln« und Richtlinien innerhalb der Aufbau- und Ablauforganisation
- Entwicklung der strategischen Portalarchitektur (siehe Kapitel 6)
- Entwicklung einer Kommunikationsstrategie (sowohl intern als auch extern)

Operative Funktionen

Mithilfe der operativen Programmsteuerung werden die Zielgrößen, Rahmenbedingungen und Spielregeln aus dem strategischen Steuerungsbereich für die Innenansicht operationalisiert. Dazu zählen insbesondere die folgenden Funktionen, die in Abschnitt 4.5 konkretisiert werden:

- operatives Portfoliomanagement inklusive Programm-Controlling
- Durchführung von Marketing- und Kommunikationsmaßnahmen im Sinne der Kommunikationsstrategie
- Demand-Management
- Requirements Engineering
- Realisierung von Portalanwendungen
- Inbetriebnahme und Betrieb von Portalanwendungen
- Release-Management
- Roll-out-Management
- Entwicklung und Durchführung von Trainings- und Schulungsmaßnahmen
- Support
- Professional Services und Consulting

In den folgenden Abschnitten werden zunächst diejenigen strategischen Funktionen erläutert, die noch nicht im Rahmen der Strategieentwicklung (siehe Kapitel 2) bzw. der Erstellung des Business Case (siehe Kapitel 3) behandelt wurden oder die im weiteren Verlauf der Argumentation dargestellt werden (z. B. Change Management). Analog verfahren wir für die operativen Funktionen.

4.4 Strategische Funktionen

Verankerung in der Unternehmensorganisation

Erste Aufgabe des Programm-Managements für Ihr SAP NetWeaver Portal ist die erfolgreiche Etablierung des Portalprogramms und der damit verbundenen organisatorischen Anforderungen in die Unternehmensorganisation. Dafür hat sich in der Praxis die folgende Schrittfolge bewährt.

Schritt 1: Identifikation der Aufgaben des Portalprogramms

In diesem Schritt können Sie sich an der Auflistung der einzelnen Aufgaben in Abschnitt 4.3 orientieren.

Schritt 2: Zuordnung potenzieller Verantwortlicher für die identifizierten Aufgaben

Für diesen Schritt müssen Sie zunächst sämtliche Interessensgruppen und Akteure identifizieren. Dazu können gehören:

- Auftraggeber und Sponsoren
- strategisches und operatives Programm-Management
- zentrale Aufsichts- und Steuerungsbereiche des Unternehmens (z. B. IT, Personal, Controlling)
- interne Gremien (z. B. IT-Strategie-Board, Sicherheitsbeauftragte, Betriebsrat, Unternehmenskommunikation)
- Hardware- und Softwareanbieter
- Dienstleistungsunternehmen (z. B. für den Anwendungsbetrieb)
- Kunden (anwendende Geschäfts- und Fachbereiche im Unternehmen oder externe Nutzer)

Schritt 3: Entwicklung eines Rollenmodells

Nachdem Sie die beteiligten Interessensgruppen und Akteure identifiziert haben, müssen Sie in Schritt 3 eine Zuordnung von Aufgaben zu Akteuren vornehmen. Dadurch legen Sie fest, wie die Verantwortlichkeiten im Ökosystem Ihres Portalprogramms verteilt und wem welche Kompetenzen zugeordnet sind. In Tabelle 4.1 ist eine idealtypische Ausprägung dieser Aufgabenzuordnung dargestellt. Dabei müssen Sie beachten, dass insbesondere die relevanten Gremien stark von Ihrer unternehmensindividuellen Situation abhängen und an dieser Stelle lediglich eine Referenz geliefert werden kann.

Schritt 4: Festlegung der Aufbauorganisation im Außenverhältnis

In Schritt 4 geht es darum, für das Rollenmodell eine Aufbauorganisation zu entwickeln, also die Struktur für das Ökosystem Ihres Portalprogramms zu erarbeiten. Abbildung 4.4 zeigt beispielhaft, wie eine derartige Struktur in der Praxis ausgestaltet werden kann.

In Hinblick auf die Zielsetzungen, die Sie mit dem Change Management für Ihr Portalprogramm verfolgen (siehe Kapitel 7), müssen Sie insbesondere darauf achten, dass alle relevanten Interessensgruppen und Akteure gemäß ihres Einflusses auf den Programmerfolg und gemäß des Ausmaßes der Betroffenheit durch das SAP NetWeaver Portal in die Organisationsstruktur integriert sind. Dadurch schaffen Sie einerseits die nötige Akzeptanz auf der Verantwortlichkeitsebene und holen andererseits betroffene Geschäfts- und Fachbereiche frühzeitig ins Boot.

Schritt 5: Festlegung der Ablauforganisation im Außenverhältnis

Nachdem Sie die Aufbauorganisation im Außenverhältnis definiert haben, müssen Sie in Schritt 5 die Abläufe und »Spielregeln« ihres Ökosystems gestalten. Dabei steht die Beziehung des Programm-Managements zu anderen Akteuren im Vordergrund, nicht die Frage nach der internen Organisation. Deshalb müssen Sie bestrebt sein, bestehende Mechanismen und Abläufe in Ihrem Unternehmen zu nutzen. Bringen Sie dazu möglichst die notwendigen Abläufe mit bestehenden Regelterminen in Einklang.

Praxisbeispiel

Für den Prozess der Portalstrategieentwicklung, den Sie aus zentraler Position gemeinsam mit den involvierten Geschäfts- und Fachbereichen ausführen, bietet es sich an, standardisierte Abläufe (z. B. Vorstellung des Strategiedokuments, Aufnahme von Änderungswünschen, Freigabe von Komponenten der Strategie) im Rahmen eines regelmäßigen IT-Strategie-Boards einzubringen. Dadurch nutzen Sie die Akzeptanz eines etablierten und entscheidungsfähigen Organs.

Interessensgruppe/Akteur	Aufgaben	Relevante Gremien
Sponsoren	▶ Sicherstellung des strategischen Kontexts ▶ Prüfung der strategischen Zielerreichung	Lenkungsausschuss
Strategischer Programm-Manager	▶ Portalstrategie ▶ Business Case ▶ Governance-Modell ▶ Geschäftsmodell ▶ ...	▶ IT-Strategie-Board ▶ Controlling-Ausschuss
Operativer Programm-Manager	▶ Demand-Management ▶ Requirements Engineering ▶ Realisierung ▶ Release-Management ▶ ...	▶ Expertenkreise für IT-Fachthemen ▶ Produkt- bzw. Programm-Managerkreise zur Zusammenarbeit mit dezentralen Geschäfts- und Fachbereichen
Kunden (Geschäfts- und Fachbereiche)	▶ Einbringen fachlicher Anforderungen ▶ Forcierung des dezentralen Roll-outs ▶ Mitarbeit an und Freigabe der Portalstrategie	Produkt- bzw. Programm-Managerkreise zur Zusammenarbeit mit den dezentralen Geschäfts- und Fachbereichen
Betreiber	▶ System- und Anwendungsbetrieb ▶ Support	ggfs. Expertenkreise für IT-Fachthemen
Technologielieferanten	▶ Qualitätssicherung ▶ Technologie- und Organisationsberatung	Lenkungsausschuss

Tabelle 4.1 Idealtypisches Rollenmodell

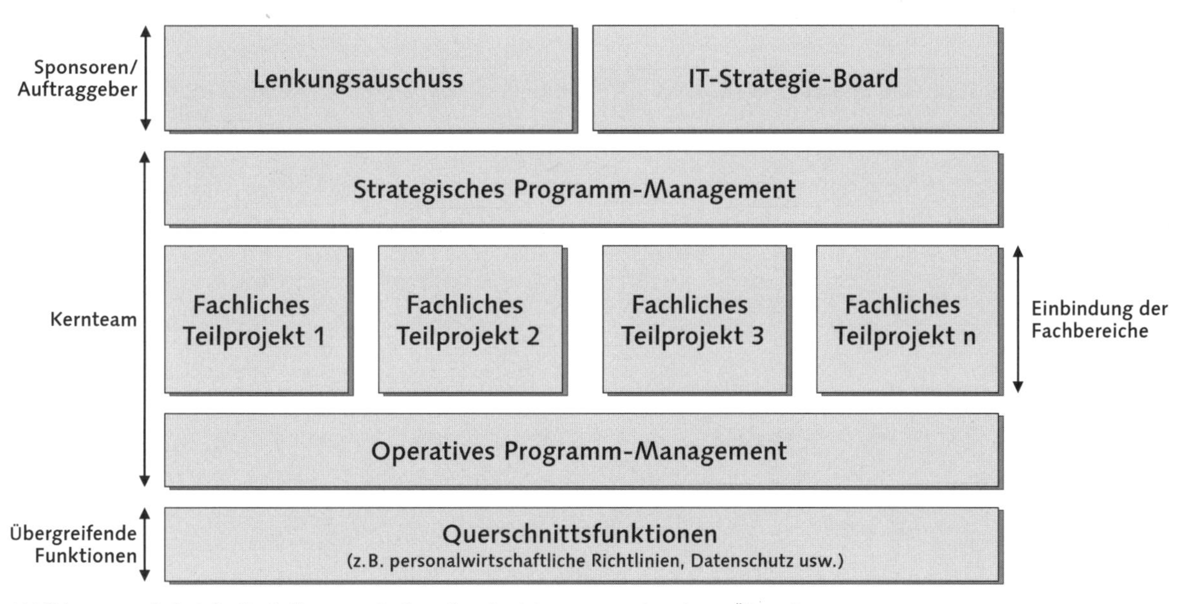

Abbildung 4.4 Beispielhafte Aufbauorganisation eines Portalprogramms in seinem Ökosystem

Die darüber hinausgehende Ableitung von Rollenbeschreibungen bzw. Verantwortlichkeiten muss gemäß der unternehmensindividuellen Machtverhältnisse und dem gegebenen Zentralisierungsgrad erfolgen, und es kann an dieser Stelle keine Referenzmodellierung erfolgen. Das Vorgehen, wie eine konkrete Ablauforganisation abzuleiten ist, wird stattdessen in Abschnitt 4.5 dargestellt.

Geschäftsmodell für das Portalprogramm

Neben der Verankerung des Portalprogramms in der Unternehmensorganisation ist die Entwicklung eines tragfähigen Geschäftsmodells für Ihr SAP NetWeaver Portal eine weitere wesentliche strategische Funktion. Praktische Erfahrungen haben gezeigt, dass in Bezug auf (finanzielles) Durchhaltevermögen, Akzeptanz und damit unternehmensweite Umsetzungsgeschwindigkeit gerade die Portalprogramme erfolgreich sind, die einem stringenten Geschäftsmodell folgen, das mit den Sponsoren und Interessengruppen in den Geschäfts- und Fachbereichen abgestimmt ist.

In letzter Konsequenz folgt daraus, dass die Sponsoren bzw. Auftraggeber des Unternehmensportals das Portalprogramm als »Unternehmung« definieren, dem ein geeigneter Geschäftsplan zu unterlegen ist, und dessen Aktivitäten über den Bezug zum Geschäftserfolg gesteuert werden.

Um das SAP NetWeaver Portal also als unternehmensweites Portal im Sinne eines marktfähigen Produkts mit integrierten Serviceleistungen zu definieren, müssen Sie die folgenden Aspekte beachten:

- Erstellung eines initialen Business Case als tragfähiges Entscheidungskriterium der Investition (siehe Kapitel 3)
- Durchführung einer Markt- bzw. Kundenanalyse (z. B. von Fachbereichen und internen und externen Nutzergruppen)
- Definition von Produkten und Services inkl. der Entwicklung einer Preisstrategie (siehe Kapitel 5)
- Entwicklung einer Sourcing-Strategie (z. B. unter Berücksichtigung von »Make-or-buy-Entscheidungen« und Kooperationsmodellen)
- Entwicklung eines Marketingplans
- Entwurf eines langfristigen Betreibermodells
- Sicherung der Zukunftsfähigkeit (z. B. Produktlebenszyklus-Planung, Aufbau von Know-how, strategische Partnerschaften)

In Abbildung 4.5 ist exemplarisch ein Geschäftsmodell für ein Unternehmensportal auf Basis von SAP NetWeaver Portal dargestellt. In diesem Beispiel ist zu erkennen, dass als übergeordneter Handlungsrahmen ein Governance- und Qualitätssicherungsmodell installiert ist, das die Erbringung des Leistungsangebots regelt. Zu Letzterem gehören das Angebot von Portal-Services wie beispielsweise die Content-Verwaltung, die Bereitstellung der Softwareinfrastruktur und der technische Betrieb, aber auch unterstützende Leistungen wie beispielsweise Beratung und Schulung. Außerdem ist zu erkennen, dass das Geschäftsmodell über Schnittstellen zum Portalbetreiber einerseits und zu den Portalkunden – also zu den Endanwendern – andererseits in sein Ökosystem eingebunden ist.

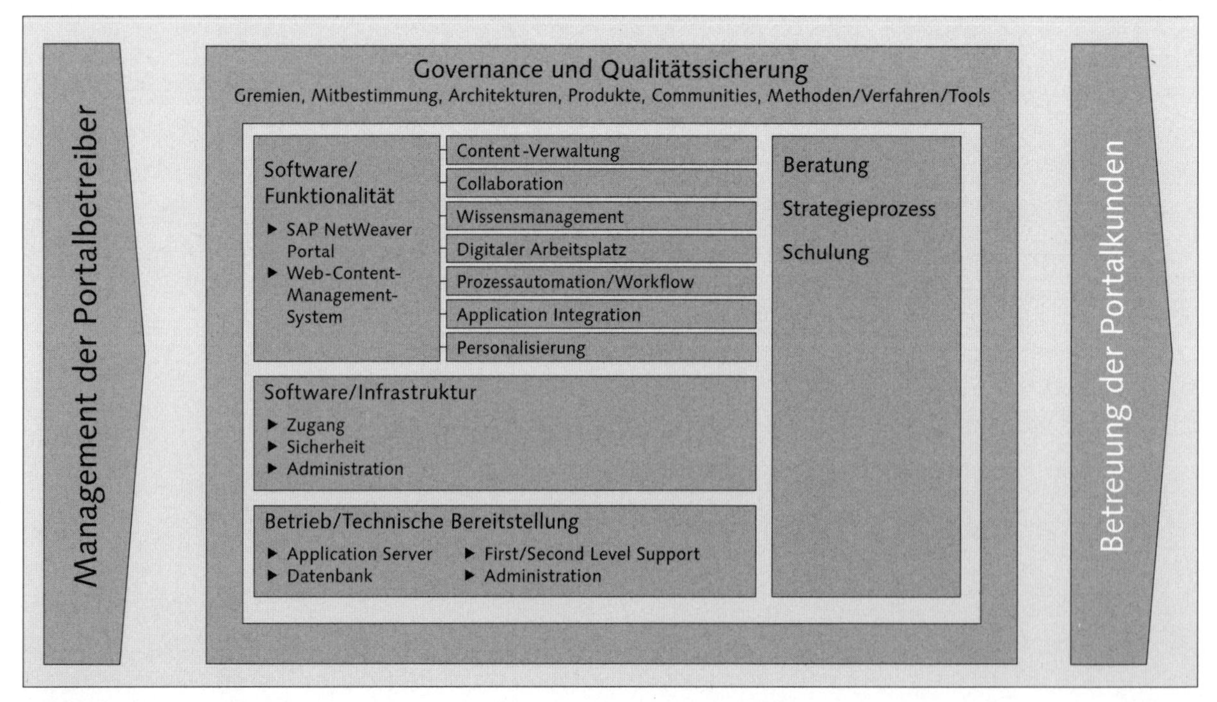

Abbildung 4.5 Beispielhafte Darstellung eines Geschäftsmodells für Unternehmensportale

Portfoliomanagement

Die strategische Bedeutung eines effektiven und effizienten Portfoliomanagements leitet sich aus der Tatsache ab, dass die Erfüllung des Business Case für das gesamte Vorhaben durch die im Laufe des Portalprogramms erfolgreich umgesetzten Projekte determiniert ist. Ihre priorisierte Auswahl nach Nutzenpotenzial und Realisierbarkeit, ihre interdependente Koordination sowie ihre Erfolgskontrolle ist Aufgabe des im strategischen Portalmanagement angesiedelten Portfoliomanagements.

In Abbildung 4.6 ist das Portfoliomanagement bildhaft dargestellt, wie es sich in der Praxis für Portalprogramme als geeignet herausgestellt hat.

Beim Portfoliomanagement müssen Sie besonderes Augenmerk darauf legen, dass – im Sinne der Verankerung des Portalprogramms in die Gesamtorganisation – eine erste Selektion und Bewertung der einzelnen Projekte in den Geschäfts- und Fachbereichen durch die dezentralen Programm-Manager erfolgt. Ihre Funktion im zentralen Portfoliomanagement konzentriert sich darauf, die als geeignet identifizierten Vorhaben gemäß ihres Beitrags zu den strategischen Zielen des Portalprogramms und gemäß ihrer Realisierbarkeit im Sinne der Portal-Roadmap (siehe Abschnitt 2.5) zu bewerten und zu priorisieren.

Governance-Modell

Aufgrund der verschiedenen strategischen Wirkungsdimensionen (vertikale Eingriffstiefe, horizontale Reichweite, zeitliche Dauer) eines Portalprogramms muss die Nutzung der Portaltechnologie mit regelnden und steuernden Mechanismen einhergehen. Wird dieser Aspekt einer so genannten *Portal Governance* vernachlässigt – indem beispielsweise jeder anwendende Bereich das SAP NetWeaver Portal nach eigenem »Gutdünken« nutzt –, läuft das Programm kurzfristig Gefahr, technologisch und organisatorisch nicht mehr beherrschbar zu sein.

Eine strategische Funktion des Programm-Managements ist deshalb, ein entsprechendes Regelwerk der Portalnutzung zu erstellen und dessen Anwendung konsequent durchzusetzen. Im Sinne der Integration in die IT-Strategie (siehe Abschnitt 2.4) des Unternehmens muss die Einführung und der Betrieb des Portals den übergreifend geltenden Regeln unterworfen werden. Sie müssen also die bestehenden »Spielregeln« in Ihrem Unternehmen auf das Portalprogramm ausprägen und gegebenenfalls ergänzen. Dabei ist im Sinne des Ökosystems auch die Abstimmung mit involvierten Akteuren vorzusehen.

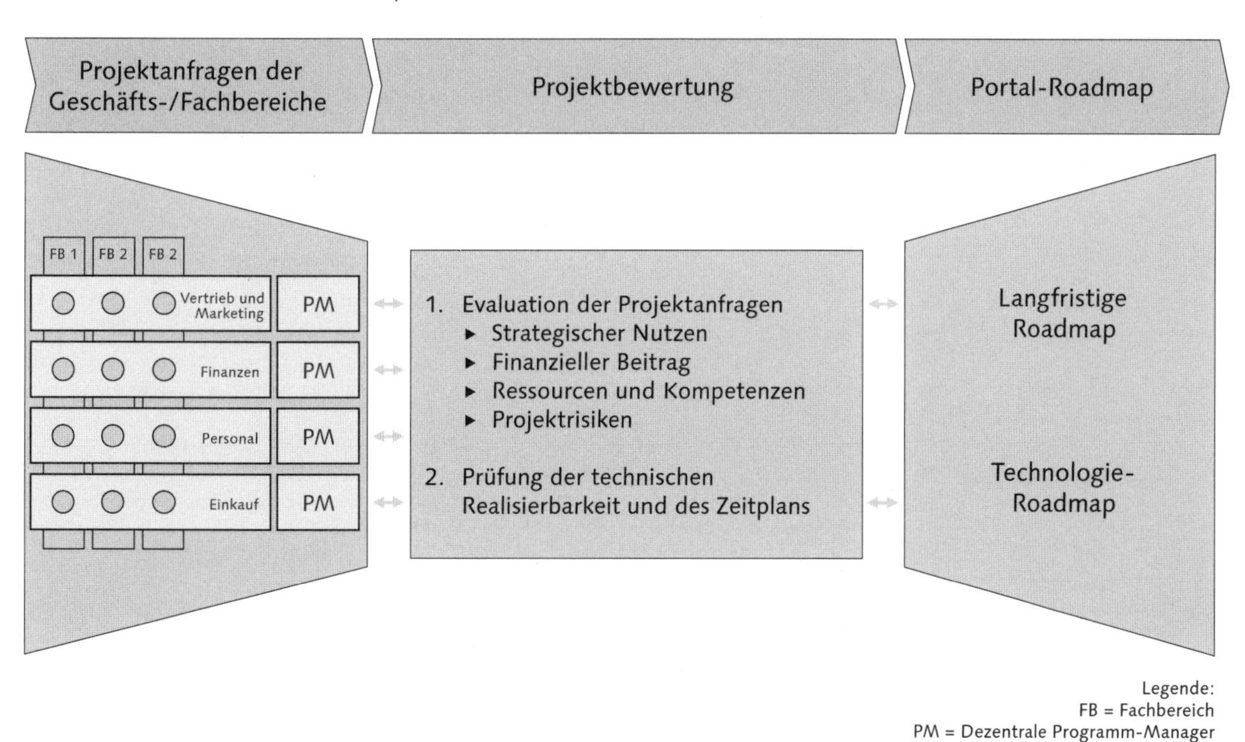

Abbildung 4.6 Portfoliomanagement

Prinzipiell müssen Sie in folgenden Schritten vorgehen:

- Verzahnung der Portalstrategie mit der IT-Strategie des Unternehmens (siehe dazu Abschnitt 2.4)
- Definition von klaren Zielen, Aufgaben und Verantwortlichkeiten für die einzelnen funktionalen Bereiche des Portalprogramms mit Rücksicht auf die Struktur, mit der das Programm in sein Ökosystem eingebettet ist
- Nutzung von im Unternehmen etablierten Standards und Verfahren für Implementierung und Betrieb von Informationssystemen. Diese dienen als Rahmenvorgaben für die notwendigen portalspezifischen Regelungen für die dezentrale Nutzung des SAP NetWeaver Portal.
- Erstellung von fachlichen und technischen Standards (z. B. Layout- und Navigationskonzepte, Fachkonzepte, Testverfahren, Entwicklungsverfahren)
- Etablierung eines Qualitätsmanagements in Form von Berichts- und Controlling-Instrumenten

Abbildung 4.7 zeigt exemplarisch das so genannte *Shared Information Governance Model* für das Unternehmensportal der SAP, das nach dieser Ableitung strukturiert wurde.

Dabei ist es wichtig, die klare Trennung zwischen zentralen und dezentralen Verantwortlichkeiten zu beachten. Festlegung und Weiterentwicklung von Standards, die Bereitstellung von Beratung und des Portalservices selbst liegen in der Hand des Zentralbereichs. Das Informationsmanagement in die einzelnen Vorstandsbereiche hinein sowie die Moderation der virtuellen Zusammenarbeit erfolgen dezentral.

Gerade in der Phase der Programmorganisation (siehe Abschnitt 4.2) ist das reibungslose Zusammenspiel zwischen zentralen und dezentralen Organisationseinheiten entscheidend für den Gesamterfolg des Unternehmensportals. Deshalb ist in Abbildung 4.8 am Beispiel der so genannten *Business Integration* im Rahmen des SAP Corporate Portal die Aufteilung einzelner Aufgaben zwischen zentraler Stelle und dezentralen Bereichen dargestellt.

Bei der Ausarbeitung des Governance-Modells für Ihr Unternehmensportal sind die dargestellten Beispiele als wertvolle Orientierungshilfen zu verstehen. Sie müssen jedoch darauf achten, dass die Ausgestaltung Ihres Governance-Modells im Detail direkt vom Zentralisierungsgrad Ihres Unternehmens und den existierenden Machtverhältnissen abhängt.

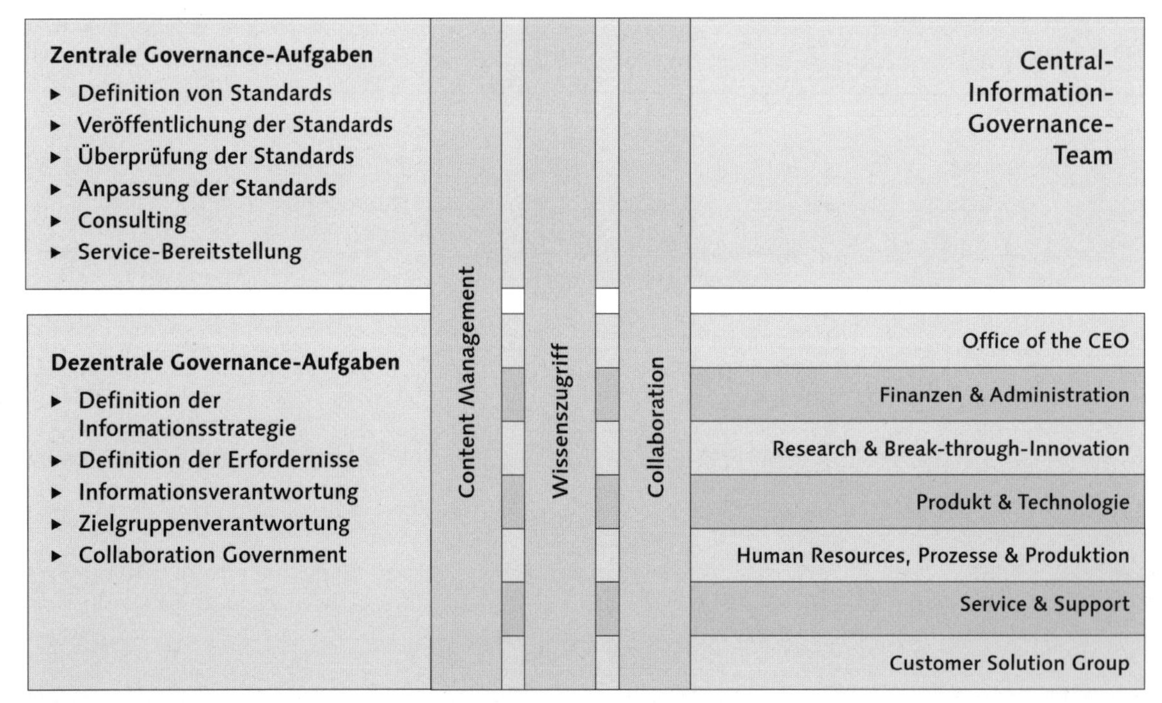

Abbildung 4.7 Shared Information Governance Model für das SAP Corporate Portal

Corporate-Portal-Team

- Business-Integration-Kontakt für Projektdauer
- Standards und Richtlinien für die Content-Migration und Aufsetzen der Rollen
- Content-Download-/Archivierungs-Tool für den Inhalt des ehemaligen Intranet
- technisches Aufsetzen der Rollen und Bereitstellung der Funktionsbeschreibung
- Trainingsmaterialien
- Unterstützung für die Inhaltsstrukturierung
- 2nd Level Support

Landes-/Geschäftseinheit

- Projektmanagement auf lokaler/Geschäftseinheitsebene
- lokale/Geschäftseinheits-kommunikation
- lokale/geschäftseinheits-bezogene Inhaltsanalyse für das ehemalige Intranet und »Clean-up«
- manuelle Migration des Content
- Test und Roll-out
- Koordination der Ressourcen, die in den lokalen/Geschäftseinheiten Inhalte liefern
- »Business Ownership« in Zusammenhang mit definierten Backend-Rollen

Abbildung 4.8 Business Integration im Rahmen des Programm-Managements

Langfristiger Roll-out-Plan

Eine weitere strategische Funktion des Programm-Managements ist die Festlegung des langfristigen Roll-out-Plans. Grundsätzlich muss der Roll-out-Plan die in der Portal-Roadmap festgelegten Phasen berücksichtigen (siehe Abschnitt 2.5) und den in Abschnitt 4.2 beschriebenen Übergang von der Programm- zur Linienorganisation ermöglichen. Im Wesentlichen können vier generische Phasen unterschieden werden:

- Projektinitialisierung und Vorbereitung der Implementierung
- Implementierung des SAP NetWeaver Portal und Integration in die Systemlandschaft
- Roll-out von Basisservices
- Sukzessiver Portalausbau und Überleitung des Programms in die Linienorganisation

Unter Berücksichtigung der drei strategischen Wirkungsdimensionen des Unternehmensportals (Reichweite, Integrationstiefe und zeitliche Dauer) stehen Ihnen die folgenden Gestaltungsparameter für die Entwicklung Ihres langfristigen Roll-out-Plans zur Verfügung:

- Portalservices (z. B. zunächst Basisservices, anschließend so genannte *Quick wins*)
- Nutzergruppe (z. B. zunächst Büroangestellte, anschließend Mitarbeiter in Außenstellen des Unternehmens, danach Mitarbeiter ohne PC-Arbeitsplatz)
- Regionale Faktoren (z. B. zunächst am Stammsitz des Unternehmens, anschließend in Europa, danach in Asien)
- Geschäftsbereiche (z. B. zunächst Querschnittsfunktionen, anschließend Kerngeschäftsbereiche)
- Zeit der Bereitstellung (z. B. anfangs kurze, später längere Release-Zyklen)

In der Praxis haben sich drei wesentliche Alternativen herausgebildet, die in Abbildung 4.9 dargestellt sind.

Bei einem vertikalen Ansatz werden Portalservices mit einem hohen erwarteten Anwendernutzen – z. B. portalbasiertes Berichtswesen im Zentral-Controlling – mit einer höchstmöglichen inhaltlichen Ausprägung einem begrenzten Nutzerkreis zur Verfügung gestellt. Bei diesem Ansatz zielen Sie darauf ab, über die erwartete Anwenderakzeptanz einen »Leuchtturmeffekt« zu erzeugen und die Nutzung des Portals zu beschleunigen. Der Nachteil dieser Roll-out-Strategie liegt insbesondere in der damit verbundenen zeitlichen Verzögerung beim Erfüllen der Reichweitenziele.

Verwenden Sie den horizontalen Ansatz, zielen Sie darauf ab, in möglichst kurzer Zeit einer größtmöglichen Anzahl von Anwendern eine ausgewählte Zahl von Portalservices zur Verfügung zu stellen, z. B. Self-Service-Szenarien zur Zeiterfassung für alle Mitarbeiter im Unternehmen. Der Vorteil dieses Szenarios besteht darin, dass über den Quick win eine möglichst breite Signalwirkung erzielt und die rasche Umsetzungsfähigkeit unter Beweis gestellt wird. Der Ansatz birgt aber die Gefahr, dass aufgrund des begrenzten Anwendernutzens die Erwartungen der Portalnutzer nicht befriedigt werden.

Mit dem kombinierten Ansatz wird im Wesentlichen versucht, die Vor- und Nachteile der vorgelagerten Strategien auszubalancieren.

Darüber hinaus werden in der Praxis weitere, eher taktische Ausprägungsformen der Roll-out-Gestaltung eingesetzt. Dazu zählt das zentrale Sponsoring solcher Projekte, die ein hohes Mehrfachnutzungspotenzial im Unternehmen aufweisen. Sind derartige Services (z. B. portalbasierte Genehmigungs-Workflows) in einem Geschäfts- bzw. Fachbereich etabliert, können solche »Schneebälle« kostengünstig an anderer Stelle adaptiert werden und so einen »Lawineneffekt« verbreiteter Anwendung erzeugen.

Eine weitere Möglichkeit ist die Priorisierung solcher Vorhaben, die aufgrund eines hohen Nutzenempfindens auf Anwenderebene das Potenzial für so genannte *Lock-in-Effekte* bieten. Dazu gehören die klassischen Portalservices wie Self-Service-Szenarien, Knowledge Management und Collaboration.

Controlling für Portalprogramme

Die Steuerung komplexer Portalprogramme erfordert den Einsatz entwickelter Controlling-Systeme, die jederzeit auf verschiedenen Berichtsebenen Einblick, Analyse und Fortschrittskontrolle ermöglichen. Wesentliche Controlling-Kennzahlen von Portalprogrammen sollten den Steuerungskategorien Wirtschaftlichkeit, Roll-out-Status und Portalbetrieb zugeordnet werden.

Mit Blick auf ein integriertes Risikomanagement sollten Sie optional die Aspekte Sicherheit, Verfügbarkeit und System-Performance als erfolgskritische Parameter berücksichtigen.

In Tabelle 4.2 sind in der Praxis gängige Erfolgskennzahlen zusammengestellt, die als Basis für das Controlling Ihres Portalprogramms verwendet werden können.

Bei Bedarf bietet sich zur Unterstützung des Controllings eine portalbasierte Werkzeugunterstützung an. Ein Beispiel dafür ist in Abbildung 4.10 dargestellt: Es handelt sich dabei um ein Controlling-Werkzeug, das in der Implementierungsphase eines Unternehmensportals eingesetzt werden kann.

Im Beispiel ist der unterschiedliche Bearbeitungsfortschritt verschiedener Portalservices über eine Ampeldarstellung symbolisiert. So verläuft die Realisierung des Portalservices »Content Cockpit« planmäßig, wohingegen beispielsweise die »Manager Services« auf dem kritischen Pfad des Projektplans liegen. Zudem ist der Bearbeitungsstand der bereichsspezifischen Ausprägungen des Portalservices »Digitaler Arbeitsplatz« dargestellt.

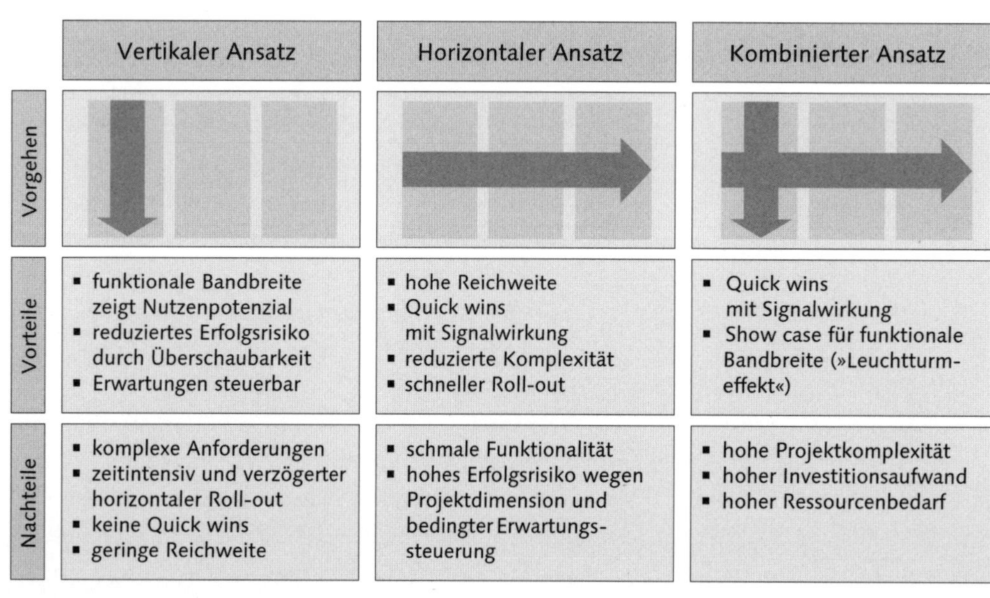

Abbildung 4.9 Alternative Roll-out-Szenarien

Wirtschaftlichkeit	Roll-out-Status	Portalbetrieb
▶ Monetär messbare Prozessverbesserungen ▶ Qualitative Prozessverbesserungen ▶ Nutzungsintensität von Portalservices ▶ Zahl integrierter Anwendungen bzw. Geschäftsprozesse	▶ Nutzerzahl ▶ Zahl unterschiedlicher Portalservices ▶ Verteilung von Nutzern (geografisch, bereichsbezogen etc.) ▶ Roll-out-Geschwindigkeit ▶ Zahl an Projektanforderungen ▶ Zahl an virtuellen Arbeitsräumen ▶ Zahl an Portalinhalten	▶ Grad der Standardisierung bzw. Harmonisierung (z. B. Zahl unterschiedlicher Portalplattformen) ▶ Zahl unterschiedlicher Portalservices ▶ Antwortzeitverhalten ▶ Zahl geplanter und ungeplanter Downtimes ▶ Zeit der Bearbeitung von Support-Anfragen

Tabelle 4.2 Typische Erfolgskennzahlen für Portalprogramme

Eingeschränkte Navigation (Zugriff nur durch die zugeordnete Rolle)

1st level	Manager Services	Content Cockpit
Overall Ownership	Name 1	Name 2
Role Governance	Established	Established
Content Ownership	Defined	Defined
Transition Status	○◉○	○○◉

Privater Arbeitsplatz (Zugriff nur für die relevante Branche/Einheit)

	Geschäftsbereich 1	Geschäftsbereich 2	Geschäftsbereich 3	Geschäftsbereich 4	Geschäftsbereich 5
Workspace	Application Platform	Organisationseinheit 1			Organisationseinheit 1
Overall Ownership	Name 3	n/a			Name 4
Role Governance	Established	In process			Established
Content Ownership	Defined	In process			Defined
Transition Status	○◉○	○◉○			○○◉

	Vorstandsbereich			Finanzen	Personal
Workspace	Kommunikation	Aufsichtsrat	Managementteam	Organisationseinheit 1	Organisationseinheit 1
Overall Ownership	NN	NN	NN	NN	NN
Role Governance	Established	Established	Established	Established	Established
Content Ownership	Defined	Defined	Defined	In process	Defined
Transition Status	○○◉	○○◉	○○◉	○○◉	○◉○

◉○○ Behind schedule ○◉○ Critical ○○◉ In time

Abbildung 4.10 Beispielhafte Portalunterstützung für das Programm-Controlling

4.5 Operative Funktionen

Neben den strategischen Funktionen, die sich vornehmlich im Außenverhältnis des Portalprogramms – in seinem Ökosystem – konkretisieren, müssen Sie die operativen Funktionen definieren, die sich schwerpunktmäßig mit dem Innenverhältnis des Programms befassen. Dazu bietet sich ein in der Praxis erprobtes Verfahren an, das aus vier Schritten besteht:

1. Identifikation der relevanten Programmfunktionen
2. Ableitung der Aufbauorganisation (im Innenverhältnis)
3. Ableitung der Ablauforganisation (im Innenverhältnis)
4. Ableitung des Rollenmodells

Der erste Schritt, die Identifikation der operativen Programmfunktionen, ist in Abschnitt 4.3 beschrieben, sodass sich dieser Abschnitt auf die Schritte 2 bis 4 konzentriert.

Aufbauorganisation

Abbildung 4.11 enthält ein Referenzmodell für die Aufbauorganisation eines Portalprogramms im Innenverhältnis.

Geleitet wird das Programm vom **Programm-Management**. Dem Programm-Management direkt unterstellt sind drei Funktionen:

- Business-Management
- Architekturmanagement
- Betrieb

Das **Business-Management** ist im Wesentlichen verantwortlich für die Integration von fachlichen Anforderungen und Akteuren ins Architekturmanagement. Das Business-Management ist also mit der operativen Umsetzung der strategischen betriebswirtschaftlichen Vorgaben betraut. Ihm direkt unterstellt sind die folgenden Funktionen:

- **Marketing**
  verantwortlich für Entwicklung und Umsetzung eines umfassenden, unternehmensweiten Kommunikationsplans
- **Business Development**
  verantwortlich für Identifikation, Bewertung und Unterstützung von Einsatzpotenzialen für das SAP NetWeaver Portal in den Geschäfts- und Fachbereichen
- **Training**
  verantwortlich für die Entwicklung eines Trainingskonzepts sowie für die Entwicklung und Durchführung von Schulungsmaßnahmen zur Sicherstellung der optimalen Anwendung des SAP NetWeaver Portal durch den Endanwender

Das **Architekturmanagement** ist verantwortlich für sämtliche Aspekte der technischen Portalservices, für den Support und die Entwicklung von Services. Es bildet die Schnittstelle zwischen fachlichen Anforderungen und technischer Umsetzung. Dem Architekturmanagement unterstellt sind die folgenden Funktionen:

- **Portalarchitektur**
  verantwortlich für die Gesamtarchitektur der Portallandschaft und die Integration in die übrige Systemlandschaft
- **Support**
  veranwortlich für die Bearbeitung von Anfragen von Endanwendern und für die Aufnahme von Änderungsanträgen und Verbesserungsvorschlägen
- **Entwicklung**
  veranwortlich für die Neu- und Weiterentwicklung von Portalservices
- **User-Interface-Design**
  verantwortlich für die Entwicklung einheitlicher Vorgaben für die Benutzungsschnittstelle und für die Aufnahme von entsprechenden Anforderungen

Der **Betrieb** ist schließlich verantwortlich für den ordnungsgemäßen Betrieb der Portallandschaft und sämtlicher Portalservices.

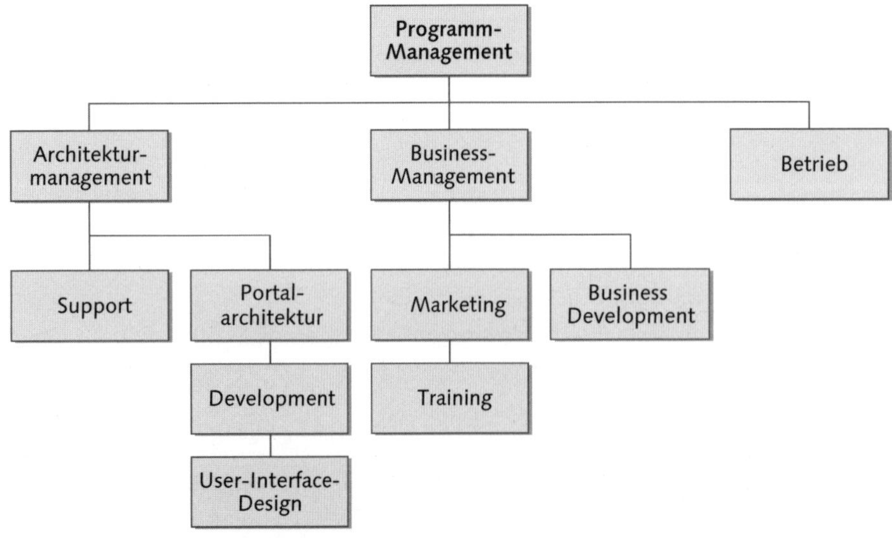

Abbildung 4.11 Aufbauorganisation für das Programm-Management

Die dargestellte Aufbauorganisation hat Referenzcharakter und lässt sich unter Anpassung an individuelle Unternehmensanforderungen verfeinern und detaillieren. Beispielsweise ist es üblich, das Team zur Portalarchitektur gemäß der technischen Komponenten des Unternehmensportals in weitere Teilteams zu untergliedern. Die Architektur von SAP NetWeaver wird dabei häufig abgebildet durch ein Team zur Portalplattform, ein KMC-Team und ein Team für die Backend-Integration. Daneben ist es ratsam, ein Content-Management-Team zu etablieren, das sich um die Anbindung und die Prozesse eines Web-Content-Management-Systems kümmert.

Unabhängig von der Ausprägung des aufbauorganisatorischen Referenzmodells im Einzelfall ist festzuhalten, dass die beiden organisatorischen Säulen Business-Management und Architekturmanagement den Kern eines Unternehmensportals bilden. Beide müssen in einem Portalprogramm vertreten sein, damit der Erfolg eines Portals an der Schnittstelle zwischen betriebswirtschaftlichem Bedarf und technischer Möglichkeit gewährleistet wird.

Anders ausgedrückt bilden die beiden Organisationseinheiten den Punkt, an dem sich die fachlichen Anforderungen (*Business Pull*) und die technische Machbarkeit (*Technology Push*) treffen. Dieser Zusammenhang ist in Abbildung 4.12 dargestellt.

Das Zusammenwirken von Architektur- und Business-Management sowie den ihnen zugeordneten, übrigen Funktionen wird in der operativen Arbeit durch die Ablauforganisation eines Unternehmensportals geregelt.

Ablauforganisation

Während die Aufbauorganisation eines Unternehmensportals festlegt, welche Aufgaben für den Betrieb und den Ausbau des SAP NetWeaver Portal erledigt werden müssen, befasst sich die Ablauforganisation damit, wie diese Aufgaben in einzelne Prozesse zu untergliedern sind und in welcher Beziehung sie zueinander stehen.

Wie in Kapitel 2 schon erläutert wurde, wird ein Unternehmensportal nicht zum Selbstzweck eingeführt. Es erfüllt einen klaren unternehmensweiten Auftrag, der sich in einer Portalstrategie niederschlägt. Um diesen Auftrag im operativen Programm-Management effizient und effektiv zu erfüllen, müssen Sie in Anlehnung an das Wertkettenmodell von Porter (vgl. Porter, 2004) bestimmte Kernprozesse etablieren. Ein Referenzmodell dazu ist in Abbildung 4.13 dargestellt: Es beruht auf praktischen Erfahrungen mit vielen Unternehmensportalen. Die Ablauforganisation eines Unternehmensportals gliedert sich in drei Gruppen von Prozessen:

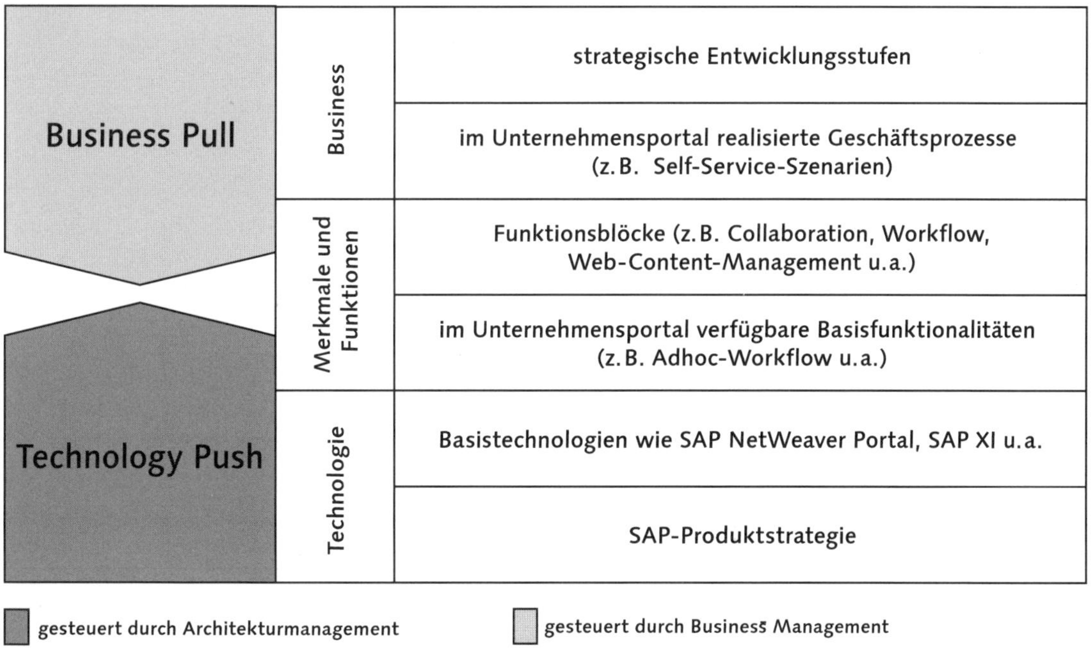

Business Pull	Business	strategische Entwicklungsstufen
		im Unternehmensportal realisierte Geschäftsprozesse (z.B. Self-Service-Szenarien)
	Merkmale und Funktionen	Funktionsblöcke (z.B. Collaboration, Workflow, Web-Content-Management u.a.)
Technology Push		im Unternehmensportal verfügbare Basisfunktionalitäten (z.B. Adhoc-Workflow u.a.)
	Technologie	Basistechnologien wie SAP NetWeaver Portal, SAP XI u.a.
		SAP-Produktstrategie

gesteuert durch Architekturmanagement

gesteuert durch Business Management

Abbildung 4.12 Zusammenwirken von Architektur- und Business-Management

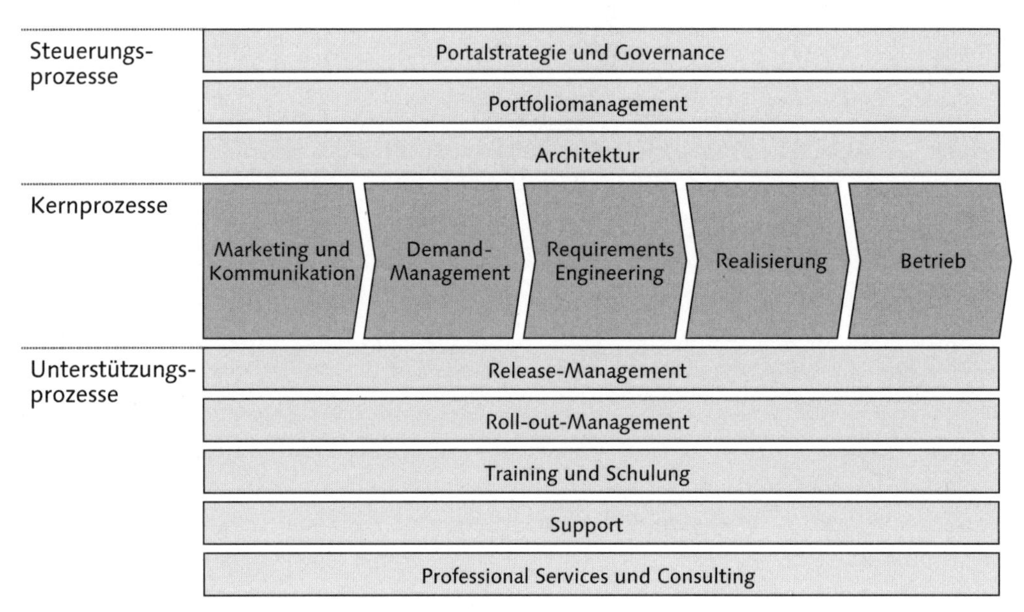

Abbildung 4.13 Ablauforganisation eines Portalprogramms

- **Steuerungsprozesse**
  In den Steuerungsprozessen werden die strategischen Aufgaben des Programm-Managements wahrgenommen. Sie stellen sicher, dass das Unternehmensportal seine Ziele hinsichtlich der drei Steuerungsgrößen Zeit, Budget und Qualität erfüllt.
- **Kernprozesse**
  Kernprozesse sorgen für den Aufbau, den Betrieb und den Ausbau des Unternehmensportals. Sie bilden dabei eine Wertkette von der Vermarktung bis zum Betrieb realisierter Lösungen bzw. Prozesse ab. Die Strukturierung der Kernprozesse erfolgt kundengetrieben, wobei als Kunde des Unternehmensportals die Geschäfts- und Fachbereiche und seine Endanwender zu verstehen sind.
- **Unterstützungsprozesse**
  Unterstützungsprozesse zielen darauf ab, die Durchführung der Kernprozesse so reibungslos und effizient wie möglich zu gestalten.

Zum besseren Verständnis werden die Prozesse der Ablauforganisation im Einzelnen vorgestellt. Dabei ist jedoch zu beachten, dass im Einzelfall andere Ausprägungen vorkommen. Das liegt in der Natur eines Referenzmodells und trägt der Tatsache Rechnung, dass Unternehmensportale auf die unternehmensspezifischen Begebenheiten zugeschnitten sind.

Für die Steuerung des Unternehmensportals sind mit Portalstrategie und Governance, Portofoliomanagement sowie Architektur drei wesentliche Prozesse verantwortlich, die in Tabelle 4.3 abgebildet sind.
Neben den Steuerungsprozessen umfasst das Referenzmodell der Ablauforganisation fünf Kernprozesse, die bei der Organisation eines Unternehmensportals berücksichtigt werden sollten (siehe Tabelle 4.4).

Die Kernprozesse aus Tabelle 4.4 werden von fünf Unterstützungsprozessen flankiert (siehe Tabelle 4.5).

In der Praxis wird der Modellierung einer tragfähigen Ablauforganisation häufig nicht die nötige Aufmerksamkeit geschenkt, weil entscheidende Akteure kaum Kapazitäten neben dem Tagesgeschäft dafür einräumen. Dies kann zu Problemen bei der Erfüllung der strategischen Ziele des Portalprogramms führen, weil gerade vor dem Hintergrund einer unternehmensweiten – zumeist internationalen – Reichweite eine stabile Ablauforganisation, in der alle Akteure wissen, welche Aufgaben sie wahrzunehmen haben, ein entscheidender Erfolgsfaktor ist.

Deshalb müssen Sie diese Prozesse priorisiert und strukturiert umsetzen. Dafür analysieren Sie die Prozesse hinsichtlich Ihres Reifegrads und hinsichtlich der Dringlichkeit für den Erfolg des Programms. Den am höchsten priorisierten Prozessen wird anschließend ein Prozessverantwortlicher zugeordnet, der sich um die weitere Ausgestaltung und Etablierung kümmert.

Prozesse	Aktivitäten	Ergebnisse	Erfolgsfaktoren
Portalstrategie und Governance	▶ Entwicklung und kontinuierliche Weiterentwicklung der Portalstrategie ▶ Abstimmung mit involvierten Konzernbereichen ▶ Entwicklung und Etablierung des Governance-Modells	▶ Vision ▶ Integration in Geschäfts- und IT-Strategie ▶ Strategiedokument ▶ Governance-Modell	▶ Beteiligung des Top-Managements ▶ weitreichende Verankerung im Unternehmen
Portfoliomanagement	▶ übergreifende Steuerung des Portfolios von Projekten, die den Aufbau und Ausbau des Portals repräsentieren ▶ Festlegung und Kommunikation der Steuerungsgrößen (z. B. Wertbeitrag, Reichweite) ▶ Controlling des Beitrags des Gesamtportfolios zu den Portalzielen ▶ Abstimmung des Portfolios mit Architektur und Release Management	▶ Projektportfolio ▶ Steuerungsgrößen ▶ Berichtswesen bzgl. Portalzielbeitrag ▶ Risikomanagement	▶ klare Kommunikation gegenüber allen beteiligten Unternehmensbereichen ▶ klare Abstimmung der Steuerungsgrößen mit den Portalzielen ▶ Transparenz der Entscheidungskriterien und -prozesse
Architektur	▶ Entwicklung und Weiterentwicklung der strategischen Portalarchitektur ▶ Festlegung der zentralen Standards und Richtlinien für alle technisch orientierten Prozesse (z. B. Release Management) ▶ finale Entscheidung über Inbetriebnahme einzelner Anforderungen bzw. Prozesse	▶ Portalarchitektur ▶ Integrationsarchitektur ▶ langfristige Portal-Roadmap ▶ Portalstandards	▶ klare Einbettung in die IT-Strategie des Unternehmens ▶ übergreifendes Verständnis sämtlicher Basistechnologien und Funktionalitäten ▶ klare Kommunikation von Regeln und Standards

Tabelle 4.3 Steuerungsprozesse eines Unternehmensportals

Prozesse	Aktivitäten	Ergebnisse	Erfolgsfaktoren
Marketing und Kommunikation	▶ Durchführung von Maßnahmen zur internen Vermarktung des Unternehmensportals (z. B. Tage der offenen Tür, Vorstandsinformationen, Newsletter etc.) ▶ Entwicklung eines Kommunikationsplans (intern und extern) ▶ Messung des Vermarktungserfolgs	▶ Kommunikationsplan ▶ Marketingplan	▶ klare, einfache Botschaften ▶ offene Kommunikation des Programmstands und der Mitwirkungsmöglichkeiten ▶ Kommunikation des Mehrwerts des Unternehmensportals ▶ Forum für Feedback
Demand-Management	▶ Identifikation, Strukturierung und Bewertung von Anforderungen aus den Fachbereichen ▶ Betreuung und Beratung der Fachbereiche bei der Formulierung der Anforderung ▶ Pflege der »Pipeline« und enge Abstimmung mit Portfoliomanagement und Architektur	▶ »Pipeline« mit Portalprojekten ▶ strukturierte und bewertete Anforderungen	▶ Proaktivität gegenüber Fachbereichen ▶ klare Kommunikation bestehender Prozesse und Abläufe

Prozesse	Aktivitäten	Ergebnisse	Erfolgsfaktoren
Requirements Engineering	▶ Umsetzung der Anforderung in technische Spezifikationen ▶ Koordination mit strategischer Architektur ▶ Abschätzung des Realisierungsaufwands und des Zeitpunkts der Inbetriebnahme	▶ Spezifikation der Anforderungen ▶ Planung der Realisierung	
Realisierung	▶ Umsetzung der Spezifikation auf Basis der Portalarchitektur ▶ Festlegung von Service Level Agreements ▶ Test ▶ Inbetriebnahme und Abnahme durch Fachbereich	▶ Test ▶ Abnahme	▶ Einführung von »Quality Gates« bei dezentraler Realisierung ▶ Koordination mit allen beteiligten Bereichen, insbesondere bei Backend-Integration
Betrieb	Regelbetrieb der Funktionalität	stabiler Betrieb unter Einhaltung bestehender Service Level Agreements	klare Verantwortlichkeiten, insbesondere bei hochintegrativen Anwendungen (z. B. Self-Services)

Tabelle 4.4 Kernprozesse eines Unternehmensportals

Prozesse	Aktivitäten	Ergebnisse	Erfolgsfaktoren
Release-Management	Planung funktionaler Pakete durch Abgleich fachlicher Anforderungen und technischer Möglichkeiten	▶ Release-Plan bzw. Release-Kalender ▶ »Checkliste« für die Inbetriebnahme von Releases	Anpassung der Release-Frequenz an Programmphasen
Roll-out-Management	▶ lang- und mittelfristige Planung von Roll-outs ▶ Vorbereitung und Durchführung von Roll-outs	▶ Roll-out-Planung ▶ »Checkliste« für die Roll-out-Durchführung	zentrale Steuerung und dezentrale Verantwortung für einzelne Roll-outs
Training und Schulung	▶ Entwicklung des Trainings- und Schulungskonzepts für die Anwendungen ▶ Durchführung von Trainings- und Schulungsmaßnahmen	▶ Trainingskonzept ▶ Trainings- und Schulungsmaßnahmen (u. a. Onlinehilfen, webbasierte Trainings, Präsenzschulungen)	Bereitstellung einer bedarfsgerechten wirtschaftlichen Schulungsform pro Portalservice
Support	Planung und Umsetzung des Supports (dreistufig)	Support-Konzept	▶ klare Kommunikation des Support-Konzepts in die Fachbereiche ▶ Integration des Support-Konzepts in die generelle Support-Struktur des Unternehmens
Professional Services und Consulting	Übernahme repetitiver technischer Tätigkeiten (z. B. Anlegen von Rollen)	Servicekatalog	Bereitstellung standardisierter Consulting-Services

Tabelle 4.5 Unterstützungsprozesse eines Unternehmensportals

Für jeden Prozess wird schließlich eine Prozesskarte erstellt, wie sie beispielhaft im folgenden grauen Kasten dargestellt ist.

Beispiel für eine Prozesskarte

- **Prozessname:**
  Demand-Management
- **Ablage im Portal:**
  https://unternehmensportal.firma.com
- **Prozessverantwortlicher:**
  Herr Mustermann
- **Weitere Akteure:**
  N.N.
- **Kurzbeschreibung:**
  Das Demand-Management umfasst die Identifikation, Strukturierung und Bewertung von Anforderungen.
- **Schnittstellen zu anderen Prozessen, Themen, Programmen, Abteilungen:**
  Marketing, Requirements Engineering
- **Referenz zu relevanten Dokumenten:**
  Portalstrategiedokument, IT-Strategie
- **Unterstützt durch IT-Tool:**
  N.N.
- **Zielgruppe:**
  N.N.

Rollenmodell

Das Rollenmodell bildet schließlich die Verknüpfung von Aufbau- und Ablauforganisation und sorgt damit für eine Verankerung der Aufgaben des Unternehmensportals im Tagesgeschäft.

Üblicherweise wird das Rollenmodell schrittweise entwickelt: Zunächst für die Kernprozesse, anschließend für die Steuerungs- und Unterstützungsprozesse. Durch die Orientierung an den einzelnen Prozessen vermindert sich zudem die Komplexität, das gesamte Modell wird in »handliche Stücke« zerlegt.

Bei der Entwicklung des Rollenmodells für einen Prozess gehen Sie in drei Schritten vor:

1. Identifizieren Sie sämtliche Subprozesse und benennen Sie für jeden Subprozess die einzelnen Aktivitäten, die bei der Ausführung anfallen.
2. Anschließend identifizieren Sie sämtliche Rollen, die für die Ausführung der einzelnen Aufgaben benötigt werden.
3. Ordnen Sie im dritten Schritt – Aktivität für Aktivität – die Verantwortlichkeit jeder Rolle zu.

Dadurch ergibt sich eine Verantwortlichkeitsmatrix für jeden Prozess des Unternehmensportals. In Abbildung 4.14 ist exemplarisch eine Matrix für zwei Subprozesse des Unterstützungsprozesses »Roll-out-Management« dargestellt.

Im dargestellten Beispiel ist zur Durchführung des dritten Schritts, der Zuordnung der Verantwortlichkeiten zu den einzelnen Aufgaben, das so genannte *PARIS-Prinzip* angewendet worden. Die Wahl des Zuordnungsprinzips ist jedoch von den unternehmensspezifischen Begebenheiten abhängig.

Alternativ kann auch das weit verbreitete *RACI-Prinzip* verwendet werden: Dabei wird unterschieden zwischen »Responsible« (verantwortlich im disziplinarischen Sinne), »Accountable« (verantwortlich aus Kostenträger- bzw. Kostenstellensicht), »Consulted« (verantwortlich in fachlicher Hinsicht) und »Informed« (benötigt Informationen).

Die Verwendung von Zuordnungsprinzipien für Verantwortlichkeiten bietet verschiedene Vorteile:

- klare Verteilung der Kompetenzen zu Rollen
- leichte Ableitung von Rollenprofilen bzw. Stellenbeschreibungen durch Ablesen der Aufgaben aus den einzelnen Spalten
- einfache Identifikation von »Zuordnungsfehlern« – beispielsweise kann es beim PARIS-Prinzip pro Zeile nur ein »A«, also nur eine verantwortliche Rolle geben

Bei der Entwicklung des Rollenmodells sind grundsätzlich neben dem Programm-Management sowohl das Business- als auch das Architekturmanagement zu involvieren. Dadurch stellen Sie die interne Akzeptanz für das Modell sicher und gewährleisten ein einheitliches Verständnis über die gemeinsamen Aufgaben.

Aufgaben (gemäß Prozess-Sicht)	Rollen/Verantwortlichkeiten																								
	Roll-out-Manager (Projekt-Office)					Roll-out-Manager (Konzernbereich)					Technischer Roll-out-Manager					Technischer Teilprojektleiter					Fachlicher Teilprojektleiter				
	P	A	R	I	S	P	A	R	I	S	P	A	R	I	S	P	A	R	I	S	P	A	R	I	S
1. Vorbereitung des Roll-outs																									
Projektauftrag erstellen		X									X														
Grobplanung erstellen (Budget, Zeit, Ressourcen)	X																								
Grobe Projektorganisation erarbeiten																									
Stakeholder-Analyse durchführen														X					X					X	
Risikoanalyse durchführen	X										X								X					X	
Kommunikationsmatrix erstellen																									
Management informieren																									
Kick-off-Veranstaltung vorbereiten	X										X								X					X	
2. Durchführung des Roll-outs																									
Kick-off-Veranstaltung durchführen	X						X				X								X					X	
Detailplanung erstellen	X						X				X								X					X	
Betriebsrat informieren und Freigabe einholen																									
Voraussetzungen für Roll-out auf Seiten der Gesellschaft schaffen							X							X					X					X	
Endanwender schulen							X																		
SLAs prüfen und ggf. anpassen																									
Produkt physikalisch bereitstellen			X					X			X					X									
Test durchführen							X				X										X				
Produkt abnehmen und für Going-live freigeben							X																		
Going-live durchführen							X																		
Going-live kommunizieren							X																		

Legende: P = Participant; A = Accountable; R = Review required; I = Input required; S = Sign-off required

Abbildung 4.14 Rollenmodell am Beispiel des Roll-out-Managements

4.6 Zusammenfassung

Zur Umsetzung einer strategischen Portalinitiative ist der Aufbau von Programm-Management-Strukturen erforderlich. Das Programm-Management übernimmt sowohl strategische als auch operative Funktionen. Zu den wesentlichen strategischen Funktionen gehören die Entwicklung eines Governance-Modells, die Ableitung eines Geschäftsmodells für das Portal aus der Portalstrategie sowie das Stakeholder-Management, während die operativen Funktionen vornehmlich die Innensicht des Unternehmensportals umfassen und aufbau- und ablauforganisatorische Fragestellungen beantworten. Zu Letzterem gehören beispielsweise die Beschreibung von Kern- und Steuerungsprozessen sowie die Etablierung eines umfassenden Rollenmodells.

5 Service-Engineering: Leistungsangebote entwickeln und vermarkten

Portalservices sind das zentrale Element Ihres Unternehmensportals. In Portalservices konkretisiert sich die Funktionalität, deren Einsatz in den Geschäfts- und Fachbereichen für Nutzeneffekte und damit für die Erreichung der strategischen Zielsetzung sorgt.

Deshalb kommt dem Service-Engineering, also der Entwicklung und permanenten Anpassung der Portalservices im Spannungsfeld zwischen fachlichen Anforderungen, Wirtschaftlichkeitsbetrachtungen und technologischen Entwicklungen, eine herausragende Bedeutung zu.

Gerade vor dem Hintergrund des Trends hin zu *serviceorientierten Architekturen* (SOA) wird in diesem Kapitel zunächst eine Einführung in das Konzept der *Enterprise Services Architecture* (ESA) gegeben, also die »SAP-Ausprägung« für serviceorientierte Architekturen, bevor dann auf einzelne Funktionen des Service-Engineerings eingegangen wird.

5.1 Enterprise Services

Serviceorientierte Architekturen basieren grundsätzlich auf dem Konzept der Modularisierung und Wiederverwendbarkeit von Softwarekomponenten. Dabei werden bestehende Anwendungen in überschaubare Services zerlegt, bzw. werden neue Anwendungen komponentenorientiert programmiert. Die Modularisierung fördert einerseits eine einfache und schnelle Unterstützung neuer Geschäftsprozesse, andererseits die Wiederverwendung einzelner Services in unterschiedlichen Prozessen.

Damit Services interoperabel sind, also von unterschiedlichsten Anwendungssystemen aufgerufen und verarbeitet werden können, ist mit den so genannten *Webservices* ein herstellerunabhängiger Standard entwickelt worden.

Webservices im Überblick

Webservices sind »gekapselte« Softwarekomponenten, die eine standardisierte Schnittstelle anbieten, über die ihre Funktionen über das Internet aufgerufen werden können.

In Abbildung 5.1 ist schematisch die Funktionsweise von Webservices dargestellt. Anbieter von Webservices veröffentlichen ihre Services bei so genannten *Service-Brokern*, bei denen Nachfragende bestimmte Services finden können. Über den Broker erhält der Nachfragende auch die Informationen, die er zum Aufruf des Services beim Anbieter benötigt.

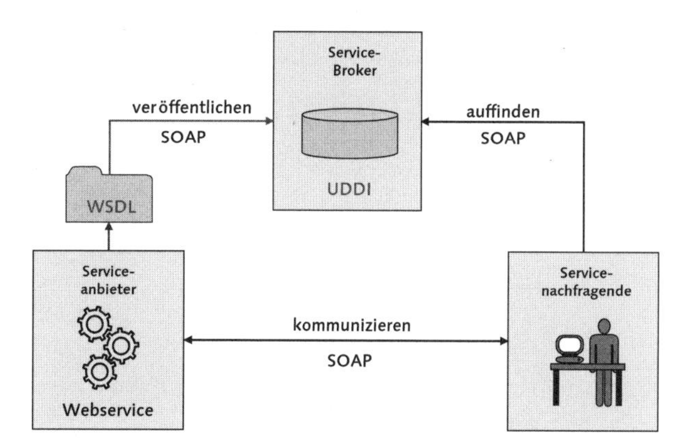

Abbildung 5.1 Funktionsweise von Webservices

Webservices basieren auf offenen Standards, zu denen Ihnen hier ein kurzer Überblick gegeben wird:

- **Simple Object Access Protocol (SOAP)**
  SOAP ist die »Kommandosprache« des Internets. Mit ihrer Hilfe werden Methoden und Funktionen in Anwendungen auf entfernten Rechnern aufgerufen. SOAP nutzt dabei die *Extensible Markup Language* (XML) als Beschreibungssprache für Dateninhalte.

- **Universal Service Description, Discovery and Integration (UDDI)**
  UDDI ist eine Art Servicekatalog, der beim Auffinden der als Webservice bereitgestellten Funktionalitäten hilft.
- **Web Service Description Language (WSDL)**
  WSDL ist eine Spezifikation zur Beschreibung der Schnittstellen von Webservices. Damit wird festgelegt, welche Eingabeinformationen ein Service erfordert und welche Ergebnisse er zurückliefert.

Enterprise Services Architecture

Der Ansatz der serviceorientierten Architektur wurde von SAP konsequent in Form der Enterprise Services Architecture weiterentwickelt und umgesetzt. Beschreibt erster Begriff lediglich das technische Konzept der Modularisierung und Wiederverwendbarkeit von Softwarekomponenten, so ist ESA der Entwurf für umfassende Geschäftsanwendungen. Enterprise Services repräsentieren dabei »gekapselte« Geschäftslogik und setzen sich aus einzelnen technischen Webservices zusammen.

Technische Basis für die Enterprise Services Architecture ist SAP NetWeaver (siehe Kapitel 6), darüber hinaus sind folgende Aspekte charakteristisch für ESA:

- Erhöhung der Anpassungsfähigkeit und der Flexibilität von Geschäftsanwendungen
- Kombination der SAP-Expertise in Bezug auf Geschäftsanwendungen mit der Flexibilität offener Standards
- einfache Komposition zu neuen Geschäftsprozessen und damit Abbildung innovativer Geschäftsszenarien

5.2 Service-Engineering als Prozess

Der wachsenden Bedeutung der Enterprise Services Architecture und dem damit verbundenen Paradigmenwechsel in Richtung einer verstärkten Interpretation von Funktionalität als Service müssen Sie bei der Entwicklung von Portalservices Rechnung tragen.

Zum einfacheren Verständnis der einzelnen Prozess-Schritte ist in Abbildung 5.2 eine »Übersetzung« des Service-Engineering in die Kernprozesse des operativen Programm-Managements dargestellt.

Service-Engineering ist der Prozess der systematischen Entwicklung von Portalservices unter Verwendung geeigneter Vorgehensmodelle, Methoden und Werkzeuge (vgl. Bullinger und Scheer, 2005). Service-Engineering beginnt mit der Servicedefinition, in der die Ideengenerierung sowie die Bewertung und Auswahl möglicher Portalservices im Mittelpunkt stehen.

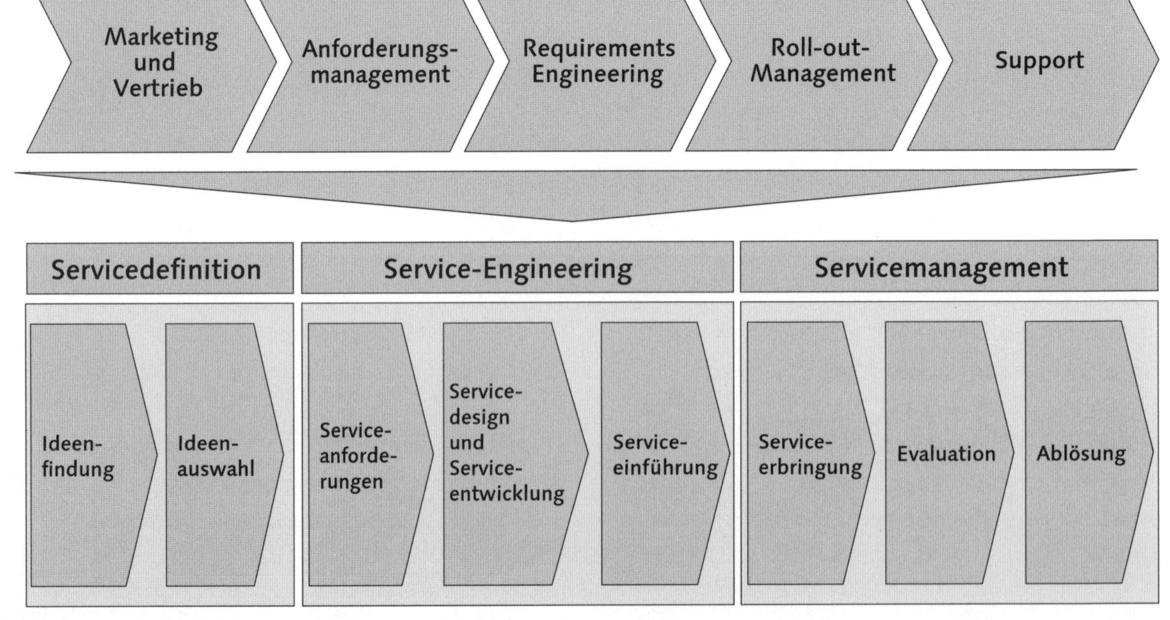

Abbildung 5.2 Service-Engineering in der Ablauforganisation des Programm-Managements

Der eigentliche Prozess der Servicegestaltung beginnt dann im Service-Engineering im engeren Sinne. Die ausgewählte Serviceidee wird konzeptionell bezüglich der Beschreibung des Serviceergebnisses, der notwendigen Aktivitäten zur Erbringung des Services sowie der dafür notwendigen Ressourcen ausgestaltet. Von besonderer Bedeutung dabei sind Aufnahme und Beschreibung der Kundenanforderungen.

Mit der Serviceeinführung wird der Portalservice an das Servicemanagement übergeben. Ziele des Servicemanagements sind der Betrieb der entwickelten Portalservices sowie im Verlauf eine kontinuierliche Verbesserung und Optimierung der Servicequalität (siehe hierzu auch Abschnitt 4.5). Portalservices können dabei die folgenden Eigenschaften aufweisen:

- **Kundennutzen**
  Jeder Portalservice hat einen normierten Serviceinhalt sowie einen nachweisbaren Kundennutzen.
- **Verantwortlichkeit**
  Ein Portalservice folgt einem Lebenszyklus, den der Serviceverantwortliche steuert und überwacht.
- **Kapselung**
  Ein Portalservice ist eine unabhängige, in sich abgeschlossene, gekapselte Anwendung.
- **Ortsunabhängigkeit**
  Portalservices sind ortsunabhängig und können jederzeit und von jedem Ort aus angesprochen werden (bei entsprechenden Zugriffsvoraussetzungen und -rechten).

5.3 Servicedefinition

Vor dem Hintergrund begrenzter Personal- und Sachressourcen müssen Sie entscheiden, welche Portalservices in Ihr SAP NetWeaver Portal integriert werden sollen. Die Servicedefinition muss daher als strukturierter Prozess verstanden und etabliert werden. Dieser setzt sich aus den Phasen **Ideenfindung**, **Ideencluster** und **Ideenbewertung** zusammen.

Ideenfindung

Das SAP NetWeaver Portal bietet die Möglichkeit, durch einen rollenspezifischen, zentralen Zugriff auf relevante Informationen, Daten, Anwendungen und Services Arbeitsprozesse effektiver und effizienter zu gestalten. Dadurch werden die in Kapitel 3 formulierten Nutzenbeiträge realisiert. Vor diesem Hintergrund sind alle Geschäfts- und Fachbereiche des Unternehmens aufgefordert, Services zur Unterstützung der Geschäftsprozesse zu identifizieren und ihre Umsetzung zu forcieren. Im Zusammenspiel zwischen Business Pull und Technology Push (siehe hierzu auch Abschnitt 4.5) stehen dafür eine Reihe von Quellen zur initialen Generierung von Ideen für neue Portalservices zur Verfügung. Ziel muss es sein, im Sinne der größtmöglichen vertikalen und horizontalen Ausdehnung des Portalprogramms alle vorhandenen Ideenpotenziale auszuschöpfen (siehe auch Abbildung 5.3):

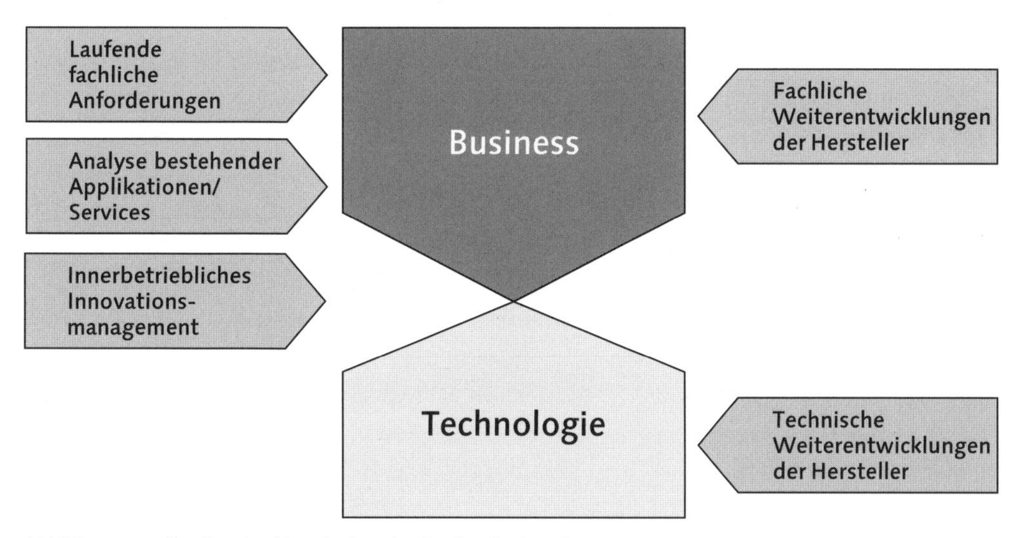

Abbildung 5.3 Quellen der Ideenfindung im Service-Engineering

- **Laufende fachliche Anforderungen**
  Das SAP NetWeaver Portal als zentrale Entwicklungsumgebung ermöglicht eine zeitnahe Abbildung neuer fachlicher Anforderungen. Über eine entsprechende Verzahnung der Portalstrategie mit der IT-Strategie des Unternehmens stellen Sie sicher, dass alle neuen fachlichen Anforderungen auf eine mögliche Abbildung im Portal hin analysiert werden.
- **Analyse bestehender Applikationen/Services**
  Die Etablierung des SAP NetWeaver Portal als zentrale Integrationsplattform gelingt nur dann, wenn bestehende, bislang isolierte Applikationen und Services schrittweise abgelöst und integriert werden. Ineffiziente Prozesse sollten mit höchster Priorität abgelöst werden. Zur Identifikation können Sie Kriterien wie »Vielzahl von verteilten Anwendungen«, »unterschiedliche Einstiegspunkte«, »aufwändiger bzw. ineffizienter Zugriff auf Daten und Dokumente«, »Mangel an Personalisierung« sowie »fehlende Prozessorientierung und fehlende Integration« verwenden. Zentrale Vorteile der Portalintegration für bestehende Applikationen ergeben sich insbesondere durch einheitliche Authentifizierungsmechanismen und eine übergreifende Rollenverwaltung.
- **Fachliche Weiterentwicklungen der Hersteller**
  SAP liefert eine Reihe vordefinierter Services, die sich nahtlos in die Portalplattform integrieren lassen. Die Nutzung dieser Services ermöglicht den Zugriff auf Best Practices und stellt eine hohe Umsetzungsgeschwindigkeit sicher. Wurden in der Vergangenheit vorzugsweise Unterstützungsprozesse wie z. B. das Reisemanagement, die Zeitwirtschaft oder die Bestellung von Büromaterial unterstützt, werden zukünftig verstärkt Services aus den Bereichen der Kern- und Steuerungsprozesse angeboten.
- **Technische Weiterentwicklungen der Hersteller**
  Der technische Fortschritt ermöglicht und erleichtert die Erstellung von Portalservices. Ein Beispiel hierfür ist der SAP Visual Composer, mit dem die einfache Erstellung und Visualisierung von Reporting-Anwendungen – und damit neue Portalservices – ermöglicht werden.
- **Innerbetriebliches Innovationsmanagement**
  Innovationen schaffen substanzielle Differenzierung und Wachstum. Über die Verzahnung der Portal- mit der Geschäftsstrategie (siehe Abschnitt 2.3) sollten Sie das Innovationsmanagement im Unternehmen als zentrale Quelle der Ideengenerierung nutzen. Darüberhinaus stehen Ihnen weitere Informationsquellen zur Erweiterung Ihres Serviceangebots zur Verfügung. Binden Sie z. B. auf Portalinformationstagen ihre strategischen Lieferanten sowie externe Portal Communities in den Prozess ein.

Ideencluster

Zu besseren Strukturierung der Serviceideen und zur einfacheren Bewertung ist eine Strukturierung in Form definierter Kategorien, so genannter *Cluster*, ratsam. Mögliche Cluster können dabei sein:

- **Zielgruppen**
  Mögliche Kategorien können Mitarbeiter eines Geschäfts- oder Fachbereichs oder spezielle Gremien im Unternehmen (z. B. Betriebsrat) sein.
- **Servicetyp**
  Entsprechend der geplanten Reichweite können Sie zwischen den folgenden Servicetypen unterscheiden:
  - **Basisservices** werden allen Zielgruppen zur Verfügung gestellt. Sie liefern einen hohen Nutzenwert aus zentraler Sicht und erfordern deswegen häufig zentrale Investitionen. Ein Beispiel ist das Self-Service-Szenario »Urlaubsantrag«. Alle Zielgruppen im Unternehmen müssen Basisservices nutzen oder werden zumindest an den Kosten dafür beteiligt.
  - **Mehrwertservices** führen zu einem hohen Nutzenwert für ausgewählte Zielgruppen, z. B. durch die Verbesserung von Geschäftsprozessen. Die Nutzung von Mehrwertservices erfolgt auf Basis von Einzelentscheidungen und in Abhängigkeit von der Ausgangssituation des jeweiligen Geschäfts- bzw. Fachbereichs. Ein Beispiel ist die Einführung der SAP Learning Solution in verschiedenen Fachbereichen.
  - **Individualservices** haben einen sehr hohen Nutzenwert für eine definierte Zielgruppe, für die sie speziell zur Verfügung gestellt werden. Ein Beispiel dafür ist ein Management-Reporting, das speziell auf die Anforderungen des Unternehmensvorstands zugeschnitten ist.

Sie müssen beachten, dass sich im Zuge der langfristigen Entwicklung Services von der Kategorie Mehrwertservices oder Individualservices in Richtung Basisservices entwickeln können. Diese Tendenzen sollten erkannt und berücksichtigt werden.

Ideenbewertung

Der Prozess der Ideenbewertung wird typischerweise als Demand-Management umgesetzt. Hierzu ist ein zweistufiges Vorgehen ratsam, wie es in Abbildung 5.4 dargestellt ist.

Während in der ersten Phase die generelle Eignung überprüft wird, muss in einer zweiten Phase die technische Machbarkeit in einem Grobkonzept belegt werden. Erst im Anschluss daran ist die Überführung der Serviceidee in den eigentlichen Service-Engineering-Prozess sinnvoll.

Kernelemente des Demand-Managements sind regelmäßig stattfindende Anforderungstermine und das Anforderungsgremium. Das Anforderungsgremium entscheidet unter Berücksichtigung zuvor definierter Entscheidungskriterien (Beitrag zur Portalstrategie, Nutzen, Machbarkeit) darüber, ob die vorgeschlagene Idee umgesetzt, zurückgestellt oder abgelehnt wird, und setzt sich aus folgenden Personen zusammen:

- Business-Manager des Portalprogramms (siehe Abschnitt 4.5)
- Vertreter der Geschäfts- und Fachbereiche (z. B. dezentrale Programm-Manager)
- Vertreter der Mitbestimmungsgremien und Datenschutzbeauftragte
- Architekturmanager

Die finale Entscheidung wird – wie in Abschnitt 4.4 erläutert – im Portfoliomanagement getroffen. Dabei bietet sich die Verwendung der in Tabelle 5.1 aufgeführten Kriterien an. Ergebnis der Bewertung ist eine Priorisierung der Portalservices gemäß ihres Beitrags zum Gesamterfolg des Unternehmensportals.

Kriterium	Wichtigkeit	Wertung
	5 = eher wichtig; 1 = eher unwichtig	5= eher hoch; 1= eher gering
Beitrag zur strategischen Zielsetzung		
Kompatibilität mit der Portalstrategie		
Nutzenbeitrag		
Größe der Zielgruppe		
Mehrfachverwendungspotenzial		

Tabelle 5.1 Beispielhafte Bewertungsmatrix zur Auswahl von Portalservices

5.4 Servicedesign

Die durch das Portfoliomanagement genehmigten Portalservices werden gemäß den nachfolgend dargestellten Schritten realisiert.

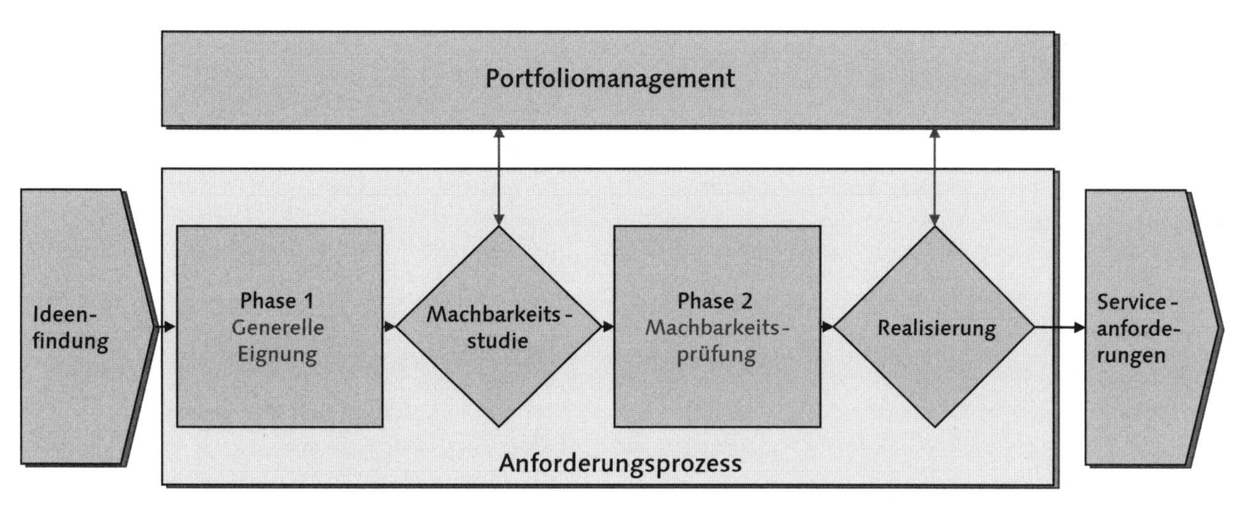

Abbildung 5.4 Demand-Management im Service-Engineering

Anforderungsanalyse

Im Rahmen der Anforderungsanalyse werden die unmittelbaren Kundenanforderungen an den Portalservice einschließlich aller Randbedingungen erhoben und in einem Lastenheft dokumentiert. Häufig wird dieser Prozess in der Praxis vernachlässigt. Daher müssen Sie den Ablauf im operativen Programm-Management gemeinsam zwischen Geschäfts- und Fachbereich und zentralem IT-Bereich etablieren und klare Spielregeln dokumentieren.

Zur Erstellung eines professionellen Lastenhefts existieren unterschiedliche Ansätze, Standards und Normen (vgl. z. B. IEEE, 1998). Nachfolgend finden Sie einen Vorschlag für eine grobe Gliederung.

1. **Ausgangssituation und Zielsetzung**
   Beschreiben Sie hier den Istzustand, die aktuellen Arbeitsabläufe, die heutige Organisation, die eingesetzten Technologien und Mengengerüste.
2. **Serviceeinsatz**
   Hier sind u. a. Fragen zur Zielgruppe und den Einsatzbereichen zu beantworten. Annahmen, Abhängigkeiten und allgemeine Restriktionen sollten ebenfalls festgeschrieben werden.
3. **Serviceumfeld**
   Das Serviceumfeld beschreibt insbesondere die System-, Benutzer-, Hardware-, Software- und Kommunikationsschnittstellen sowie andere betriebliche Anforderungen.
4. **Serviceszenarien**
   Hier werden typische und wichtige Abläufe aus Nutzersicht unter Berücksichtigung von Zugriffsrechten bzw. geforderten Personalisierungen beschrieben.
5. **Servicefunktionen**
   Hier werden funktionale und nicht-funktionale Anforderungen an die Funktionalität des Gesamtsystems bzw. definierter Teilsysteme oder Komponenten, die Benutzbarkeit, die Datenhaltung, die Serviceleistungen, die Qualität, die Datensicherheit usw. definiert.
   Im Rahmen der Serviceerstellung für Portale sind Gestaltung und Bedienbarkeit von besonderer Bedeutung. Aufgrund der Verlagerung von Prozess-Schritten aus Zentralbereichen hin zu den Mitarbeitern müssen die Portalservices von einer sehr heterogenen Zielgruppe bedienbar sein. Dabei sollten sie folgende praktische Erfahrungswerte beachten.
6. **Anforderungen an die Serviceentwicklung**
   In diesem Kapitel des Lastenheftes werden organisatorische und technische Rahmenbedingungen der Serviceentwicklung definiert. Dazu zählen die Projektorganisation, -planung, -überwachung und -steuerung, das Änderungsmanagement, Fragen zu Testanforderungen und auch Anforderungen an die Systemumgebung.

Praxistipps

Um einerseits ein Corporate Design sicherzustellen und andererseits dem Anwender die Navigation im SAP NetWeaver Portal zu erleichtern, sollten ausgewählte Gestaltungselemente zentral vorgegeben und in einem zentralen »Styleguide« festgehalten werden. Hierzu zählen die Hauptnavigation, die Informationsarchitektur, die Sprachsteuerung und zentrale Services wie Suche, Adressbuch, Kontakte oder Feedback.

In Unternehmen mit unterschiedlichen Vertriebslinien und Tochtergesellschaften sollten Sie jedoch andererseits Freiheitsgrade für ein individuelles Layout ermöglichen, das dem Corporate Design der Gesellschaft entspricht.

Im zentralen Styleguide sind u. a. folgende Aspekte erfasst:

- Layoutprinzipien
- Logos und deren Verwendung
- Primär- und Sekundärfarben
- Typografie, d. h. Schrifttyp und Schriftdefinition
- generelle und besondere Bildformate (z. B. Bannerformat)
- Navigationselemente
- Navigationskonzept
- Seitenaufteilung, z. B. Header, Navigation, Content-Bereich

Design

Die Servicedesignphase hat die Erstellung eines Pflichtenheftes für den Portalservice zum Ziel und es wird auf Basis des Lastenheftes erstellt. Das Lastenheft wird durch das Architekturmanagement geprüft.

Für das weitere Vorgehen ist festzulegen, ob der Service selbst erbracht oder extern bezogen werden soll. In

Abhängigkeit davon variieren die Inhalte des Pflichtenheftes, z. B. bei der Form der Bereitstellung bei externem Bezug oder bei der Regelung von Betriebsverantwortlichkeiten.

Der nachfolgende Gliederungsvorschlag orientiert sich an der Erbringungsalternative Eigenerstellung, wobei die Punkte 1 bis 4 aus dem Lastenheft übernommen werden können.

1. **Ausgangssituation und Zielsetzung**
2. **Serviceeinsatz**
3. **Serviceumfeld**
4. **Serviceszenarien**
5. **Servicebeschreibung**
   Hier wird der eigentliche Portalservice beschrieben. Die funktionalen und nicht-funktionalen Anforderungen werden in Spezifikationen umgewandelt, mit deren Hilfe die Anwendung konzipiert wird.
6. **Architektur des Systems**
   Hierzu zählen u. a. Aspekte der Verteilungsarchitektur, des Datenmanagements, der Sicherheit, der Benutzerschnittstellen sowie des Output-Managements.
7. **Technische Architektur**
   Hier werden die technischen Rahmenparameter eines Services definiert, also z. B. die Beschreibung der Systemlandschaft, Datenbanktechnologien, Kommunikationsinfrastrukturen und eingesetzte Hardware.

Nach Erstellung eines Pflichtenheftes muss in einem Review-Prozess gemeinsam mit dem anfordernden Geschäfts- oder Fachbereich geprüft werden, ob die Spezifikation die definierten Anforderungen an den Portalservice erfüllt. Außerdem können in diesem Schritt potenzielle Risiken erkannt werden.

Serviceentwicklung

In der Phase der Serviceentwicklung sind folgende Aufgaben zu erledigen:

1. **Service realisieren**
   Dies ist der eigentliche Entwicklungsprozess. Dabei können unterschiedliche Entwicklungsstrategien zugrunde gelegt werden, nämlich Neuentwicklung, Weiterentwicklung, Komposition und Konfiguration.
   - **Neuentwicklung**
     Hier erfolgt die Ersterstellung eines Portalservices.
   - **Weiterentwicklung**
     Hierbei geht es um die Anpassung eines bestehenden Portalservices.
   - **Komposition**
     Mehrere bestehende Portalservices werden zu einem neuen Service zusammengefasst.
   - **Konfiguration**
     Ein bestehender Portalservice wird an eine definierte Zielgruppe angepasst.

   Üblicherweise stehen in Portalprogrammen die Weiterentwicklung und Konfiguration von bestehenden, bzw. vom Technologieanbieter gelieferten, Services im Vordergrund.

   Nach der Entscheidung für eine Entwicklungsstrategie erfolgt auf Basis des Pflichtenheftes die Entwicklung der Software für den Portalservice. Dabei können Sie unterschiedliche Vorgehensmodelle verwenden. Wie in Abbildung 5.5 dargestellt ist, bieten sich in Abhängigkeit von der Komplexität des zu entwickelnden Portalservice unterschiedliche Vorgehensmodelle an.

   Die Wahl des geeigneten Vorgehensmodells hängt neben der Komplexität des Services stark von Zusammenspiel zwischen anforderndem Geschäfts- bzw. Fachbereich und dem Architekturmanagement ab.

   So erfordern Vorgehensmodelle wie das Prototyping eine starke Einbindung von Ersteren in den Entwicklungsprozess, bieten dafür jedoch kurze Entwicklungszeiten.
2. **Prozesse- und Organsisation realisieren**
   Im Rahmen der Definition der Organisation sowie der Prozesse werden Rollen und Verantwortlichkeiten bei der Serviceerbringung definiert. Achten Sie bei der Beschreibung der Prozesse und den dazugehörigen Schnittstellen auf eine transparente und übersichtliche Darstellung.

   In der Praxis hat sich gezeigt, dass es notwendig ist, für einzelne Portalservices oder auch ganze Gruppen von Services die Rolle des *Serviceverantwortlichen* einzuführen. Dieser verantwortet den gesamten Lebenszyklus des Portalservice und ist im Rahmen dieser Tätigkeit u. a. für das Reporting der Leistungskennzahlen sowie die kontinuierliche Verbesserung verantwortlich.

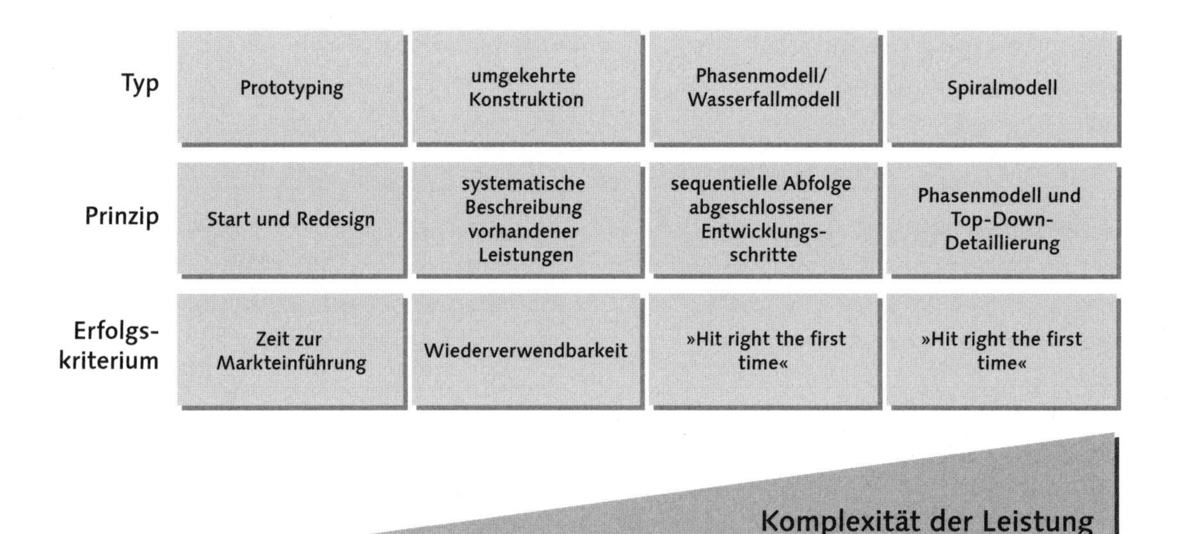

Abbildung 5.5 Typische Vorgehensmodelle bei der Entwicklung von Portalservices

In der Praxis hat sich gezeigt, dass sich mit Einführung von Portalservices organisatorische Zuständigkeiten in Ihrem Unternehmen ändern. Dies betrifft neben der Verlagerung der Verantwortlichkeiten innerhalb der einzelnen Prozesse insbesondere die Bereiche Benutzerverwaltung und Support. Unter Umständen kann die Einführung Ihres Unternehmensportals Änderungen in bisherigen Support-Strukturen erfordern. Planen Sie entsprechende Vorlaufzeiten und mögliche Kosten zur Anpassung dieser Prozesse ein.

3. **Ressourcen realisieren**
   Zur Erbringung eines Portalservices sind unterschiedliche Ressourcen notwendig. Hierzu zählen neben Personalressourcen auch Betriebsmittel sowie Informationstechnologien. Der Serviceverantwortliche prüft, wie sich der Bedarf im Zeitverlauf entwickelt. Im Rahmen von unternehmensinternen Portalen ist diese Planung vergleichsweise einfach, da die Zielgruppen bekannt sind.
4. **Infrastruktur realisieren**
   Neben der Realisierung der zentral zur Verfügung gestellten Infrastruktur in Form von Servern, Datenbanken, Speicherkapazitäten etc. müssen Sie ein besonderes Augenmerk auf die Client- und Netzwerkinfrastruktur legen, um den Zugang der Zielgruppen zu den Portalservices zu gewährleisten. Damit diese infrastrukturellen Voraussetzungen im Vorfeld bekannt sind und überprüft werden können, müssen sie definiert und an alle Beteiligen kommuniziert werden. Ausgewählte infrastrukturelle Anforderungen sind dabei:
   - Client-Software (Art und Versionierung)
   - Client-Konfiguration
   - grafische Anforderungen
   - notwendige Bandbreiten
   - Sicherheitseinstellungen
5. **Marketing realisieren**
   Marketing für Portalservices ist eine Querschnittsaufgabe und durchläuft alle Service-Engineering-Phasen. In einem Marketingkonzept werden neben der Marketingstrategie konkrete Maßnahmen wie Preispolitik, Kommunikationspolitik und Distributionspolitik beschrieben.
   Im Rahmen von Portalprojekten kommt insbesondere der Preispolitik in Form der internen Leistungsverrechnung eine besondere Bedeutung zu, weswegen darauf im Folgenden gesondert eingegangen wird.

Leistungsverrechnung

Gestalten Sie die Verrechung der Portalservices möglichst einfach und transparent. Beachten Sie dabei, dass die Interessen der beteiligten Akteure und Interessengruppen naturgemäß unterschiedlich sind (siehe Tabelle 5.2).

Kunden (Vertriebslinien, Bereiche, etc.)	Zentrales Programm-Management
▶ Kostentransparenz ▶ Verständlichkeit und Nachvollziehbarkeit der Abrechnung ▶ Verursachungsgerechte Kostenverteilung ▶ »gerechte« Verrechnung ▶ Kostensicherheit ▶ Möglichkeit der Kostensteuerung ▶ Planungsgrundlage/Prognosemöglichkeit	▶ Deckung der Erstellungskosten ▶ Schaffung interner Kostentransparenz als Controlling-Basis ▶ Grundlage für Investitionsentscheidungen ▶ Steuerung des Kunden ▶ Flexibilität des Verrechnungsmodells

Tabelle 5.2 Zielsetzung der Leistungsverrechnung

Während in der Portalstrategie die Verrechnungsgrundsätze definiert werden (z. B. »Preis=Kosten«), erfolgen im Rahmen des Service-Engineering die Kostenkalkulation und die Definition des Umlageverfahrens.

Das gewählte Kostenmodell sollte die typischen Phasen Plan, Build und Run berücksichtigen.

Abbildung 5.6 auf Seite 62 zeigt mögliche Kostenarten, die im Rahmen der Entwicklung von Services entstehen und in der Leistungsverrechnung zu berücksichtigen sind. Insbesondere in der Run-Phase gibt es horizontale Kostenblöcke, die für eine Vielzahl von Portalservices gelten. Prüfen Sie, über welche Leistungsart sie diese Kostenblöcke verrechnen wollen.

Damit eine Leistungsabrechnung auf Basis von Services möglich wird, müssen entsprechende Kostenträger eingerichtet werden. Dieser Sachverhalt ist in Abbildung 5.7 auf Seite 62 verdeutlicht. Achten Sie bei der Definition der Kostenträger auf eine sinnvolle Granularität. Es empfiehlt sich beispielsweise, definierte Basisservices zu einem Kostenträger zusammenzufassen.

Die zur Abrechung kumulierten Daten können auf verschiedene Arten auf die Verbraucher verrechnet werden. Dabei können nachfolgende Modelle unterschieden werden:

- variabler Preis für Services innerhalb der Abrechnungsperiode
- pauschaler Preis für Services innerhalb einer Planungsperiode
- verbrauchsabhängige Verrechnung mit Mindestabnahmevereinbarung
- verbrauchsabhängige Abrechnung
- pauschaler Preis für Services ohne Abnahmevereinbarung

Die Wahl eines geeigneten Verrechnungsmodells hängt auch von der Marktreife des Portalservices ab. Während sich insbesondere in der Einführungsphase eine pauschale Verrechnung empfiehlt, kann später auf eine verbrauchsabhängige Verrechnung umgestellt werden.

Testphase

In der Testphase wird die Marktreife der Portalservices geprüft. Das beinhaltet sowohl die fachlichen Tests (z. B. Benutzertests oder Usability-Tests), die technischen Tests (z. B. Performance- oder Lasttests), aber auch den Gesamtprozess der Serviceerbringung.

Die Abnahmekriterien für die Tests sollten bereits im Pflichtenheft definiert sein. Stellen Sie sicher, dass die Ergebnisse der Tests dokumentiert und notwendige Anpassungen zeitnah umgesetzt werden.

Serviceeinführung

Nachdem der Portalservice entwickelt und getestet wurde, wird seine Einführung vorbereitet und realisiert. Dieser Schritt beinhaltet u. a. die Schulung der Anwender, den Aufbau der notwendigen Support-Ressourcen und die Planung der Aktivitäten zum Einführungszeitpunkt. Die Einführung sollte auf Basis etablierter Release-Management-Prozesse erfolgen. Dadurch stellen Sie sicher, dass sowohl technische als auch nicht-technische Aspekte bei der Einführung berücksichtigt werden.

Berücksichtigen Sie, dass zum Einführungszeitpunkt neben den notwendigen technischen Ressourcen auch Mitarbeiter der Geschäfts- bzw. Fachbereiche für fachliche Abnahmetests zur Verfügung stehen. Erst wenn die fachlichen und technischen Abnahmetests erfolgreich waren, sollten Sie die Einführung kommunizieren. Die unmittelbare Phase nach Einführung neuer Portalservices sollte außerdem durch zusätzliche Support-Ressourcen abgesichert werden.

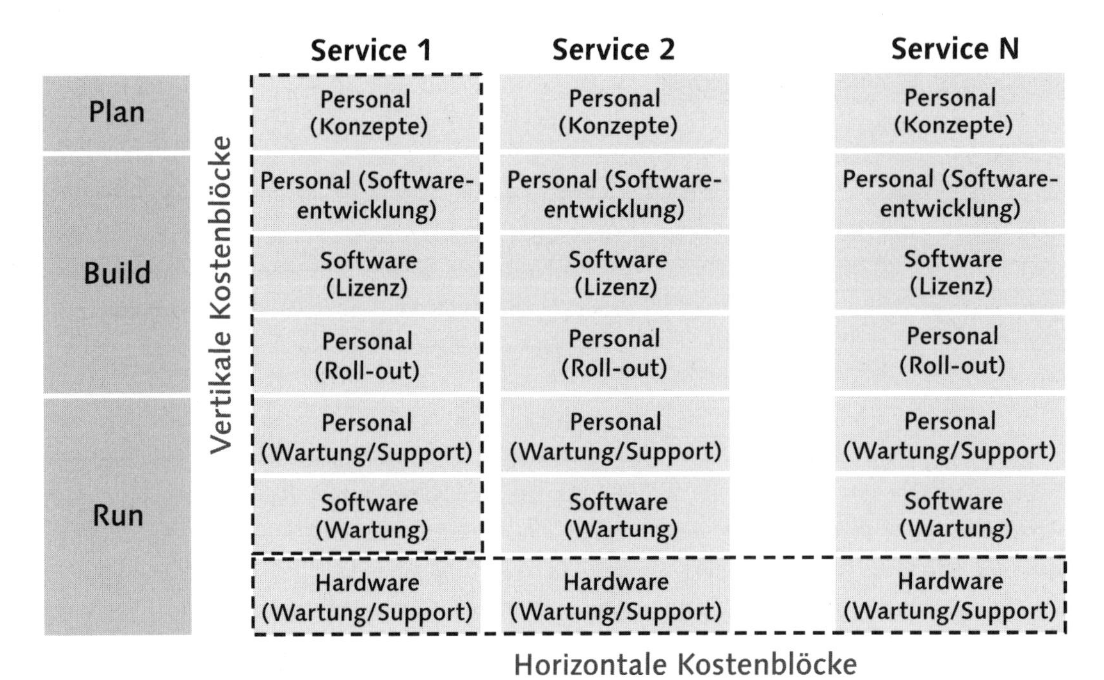

Abbildung 5.6 Kostenarten im Service-Engineering

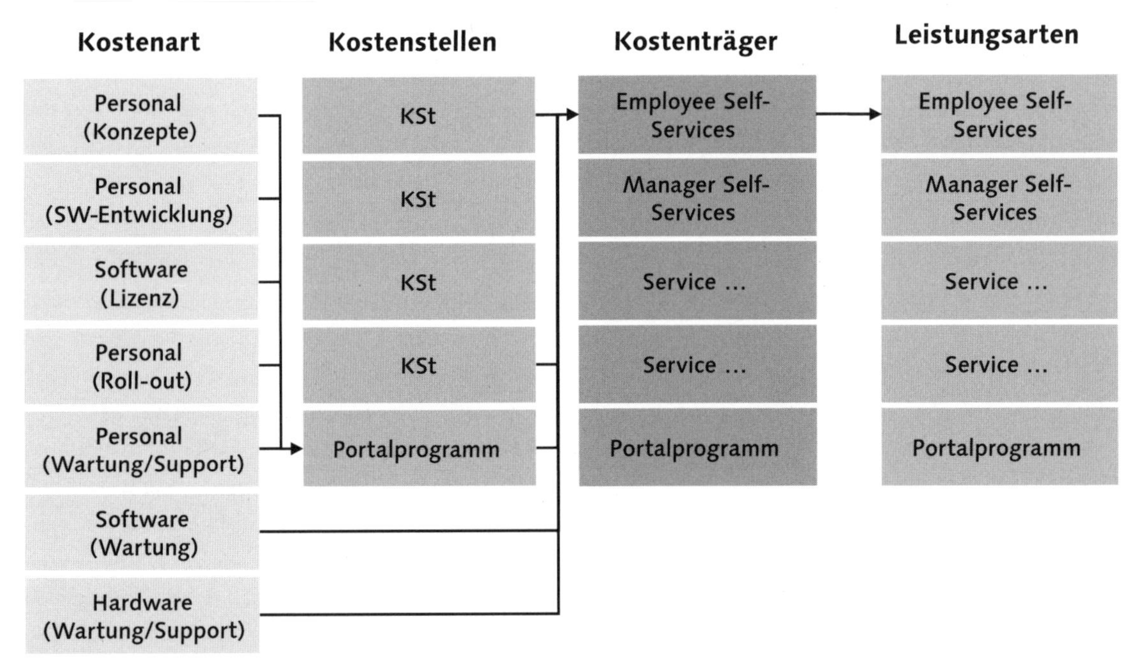

Abbildung 5.7 Leistungsabrechnung im Service-Engineering

5.5 Servicemanagement

Serviceerbringung

Auf die Einführung eines Portalservices folgt die Serviceerbringung. Dabei können Sie auf Best Practices – z. B. nach ITIL (*IT Infrastructure Library*) – zurückgreifen.

Evaluation und Controlling

In der Evaluationsphase wird der Portalservice auf die Erfüllung der zugesicherten Qualitätsanforderungen hin überprüft. Erfassen Sie dazu regelmäßig – z. B. über Umfragen zur Zufriedenheit – die Abweichungen der vereinbarten und zugesicherten Eigenschaften von der erbrachten Serviceleistung. Einerseits können Sie die gewonnenen Informationen zur kontinuierlichen Verbesserung des einzelnen Services nutzen, andererseits können Sie sie in die Entwicklung neuer Portalservices einfließen lassen.

Ablösung

Die letzte Phase im Lebenszyklus eines Portalservices ist seine Ablösung. Da sowohl die Kundenbedürfnisse als auch die technischen Möglichkeiten einer kontinuierlichen Veränderung unterliegen, müssen Sie permanent überprüfen, ob der bestehende Portalservice den Anforderungen noch gerecht wird, oder ob er entweder weiterentwickelt, durch einen neuen Service abgelöst oder eventuell vollständig aus dem Serviceangebot entfernt werden sollten.

5.6 Zusammenfassung

Die Gestaltung von Portalservices muss grundsätzlich vor dem Hintergrund des Trends zu serviceorientierten Architekturen bzw. zur Enterprise Services Architecture erfolgen. Um dabei einem strukturierten Vorgehen zu folgen, bietet sich das Service-Engineering für Portale an: Damit erhalten Sie eine Unterstützung für die Definition Ihrer Portalservices, für die Konzeption und Entwicklung sowie für die Einführung und schließlich Ablösung. Integraler Bestandteil des Service-Engineering ist beispielsweise auch die Entscheidung für ein Preismodell für den Service sowie über das Verrechnungsprinzip, das Sie der Serviceerbringung zugrunde legen wollen, um Ihre Kosten umzulegen.

6 SAP NetWeaver Portal: Technologien verstehen und Architekturen konzipieren

Für erfolgreiche Portalprogramme ist eine sorgfältige Planung des betriebswirtschaftlich-organisatorischen Rahmens erforderlich. Die Bestandteile einer solchen Planung haben Sie in den vorangegangenen Kapiteln kennen gelernt. Dennoch ist und bleibt das Fundament eines Unternehmensportals die technische Portalarchitektur. Deshalb soll dieses Kapitel das SAP NetWeaver Portal in das Produktportfolio der SAP einordnen, wesentliche Anwendungsszenarien darstellen und Ihnen auf dieser Basis Entscheidungskriterien für die optimale Architektur Ihres SAP NetWeaver Portal ermöglichen.

Dieses Kapitel liefert Ihnen somit das »Rüstzeug«, um die Ausgestaltungsvarianten Ihrer technischen Portalarchitektur einordnen zu können. Welche Variante für Ihr Einsatzszenario geeignet ist, hängt jedoch von den unternehmensindividuellen Anforderungen und Voraussetzungen ab und wird andernorts behandelt.[1]

6.1 SAP NetWeaver und SAP NetWeaver Portal

Das SAP NetWeaver Portal ist eine Komponente von SAP NetWeaver. SAP NetWeaver ist die Technologie- und Infrastrukturplattform für den Großteil der derzeit aktuellen und für alle zukünftigen SAP-Entwicklungen und -Produkte. SAP NetWeaver ermöglicht die kontinuierliche Umstellung aller Produkte auf die Prinzipien einer serviceorientierten Architektur (siehe auch Abschnitt 5.1). Die wichtigsten Merkmale von SAP NetWeaver sind:

- webbasierte Technologie
- Nutzung offener Standards
- Fundament für die Umsetzung der Enterprise Services Architecture (ESA)
- Integration von Informationen und Geschäftsprozessen über organisatorische Grenzen hinweg
- Fundament für SAP xApps und der mySAP Business Suite

Die technologische Basis von SAP NetWeaver ist der SAP Web Application Server[2] (Web AS) ab Release 6.40. Darüber hinaus umfasst SAP NetWeaver noch weitere Komponenten, die in Tabelle 6.1 dargestellt sind.

Komponente	Beschreibung
SAP NetWeaver Application Server	unterstützt plattformunabhänige Webservices, Geschäftsanwendungen und Standardentwicklungen
SAP NetWeaver Business Intelligence	ermöglicht unternehmensweite Datenintegration und ihre Umwandlung in entscheidungsrelevante Informationen
SAP NetWeaver Exchange Infrastructure	bietet Technologien für eine offene Integration von Prozessen entlang der Wertschöpfungskette
SAP NetWeaver Master Data Management	gewährleistet systemübergreifende Datenkonsistenz und unterstützt so die Integration von Geschäftsprozessen
SAP NetWeaver Mobile	stellt eine mobile Laufzeitumgebung bereit für die Entwicklung integrierter mobiler Lösungen
SAP NetWeaver Portal	führt Informationen und Anwendungen für die rollenspezifische Nutzung und einen unternehmensweiten Überblick zusammen
SAP Auto-ID Infrastructure	ermöglicht die Integration automatischer Empfangsgeräte, z. B. RFID-Leser

Tabelle 6.1 Komponenten von SAP NetWeaver

1 Detaillierte Informationen zu technischen Fragestellungen und Architekturthemen finden Sie beispielsweise im SAP Developer Network (SDN) unter *http://sdn.sap.com*.

2 Ab Release SAP NetWeaver 2004s: SAP NetWeaver Application Server.

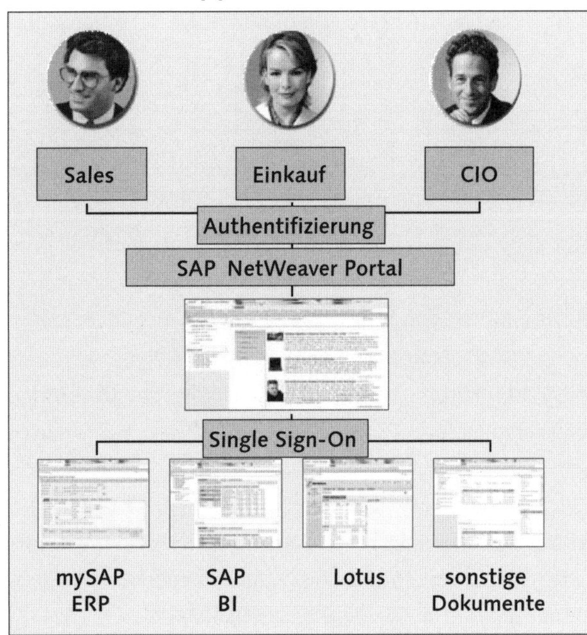

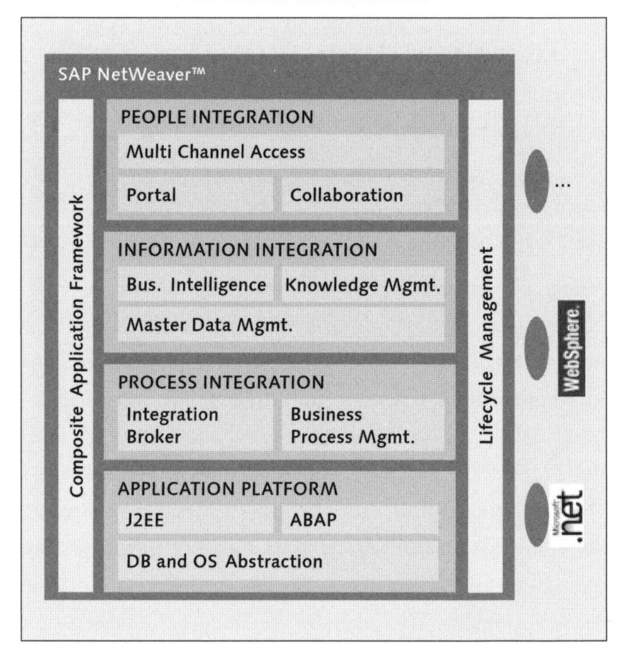

Abbildung 6.1 Grundelemente von SAP NetWeaver Portal

Als Komponente von SAP NetWeaver bildet das SAP NetWeaver Portal innerhalb der Gesamtplattform ein leistungsfähiges Rahmenwerk für die Frontend-Integration unterschiedlichster SAP- und Drittanwendungen sowie zur Integration von strukturierten und unstrukturierten Daten.

Dem Portalbenutzer wird ein rollenbasierter, webfähiger Zugriff auf Informationen und Anwendungen unterschiedlicher Backend-Systeme ermöglicht. Durch die Nutzung übergreifender Authentifizierungsmechanismen braucht sich der Portalbenutzer nicht an jedes einzelne Backend-System oder jeder einzelnen Datenquelle anzumelden. Der Zugriff des Benutzers auf die bereitgestellten Daten und Anwendungen ist somit transparent: Der Benutzer muss nicht wissen, an welches Backend-System er sich anmelden muss, um eine bestimmte Information zu erhalten.

In Abbildung 6.1 sind wesentliche Bestandteile des SAP NetWeaver Portal dargestellt – gemäß der in Kapitel 1 eingeführten Terminologie getrennt nach Anwendungs- und Infrastruktursicht.

Zu den wichtigsten Bestandteilen und Funktionen des SAP NetWeaver Portal gehören:

- leistungsfähige Benutzerverwaltung
- Sicherheitsmechanismen inkl. Single Sign-On
- Konnektoren zur Anbindung von SAP- und Nicht-SAP-Datenquellen
- Framework für die Integration von SAP und Nicht-SAP-Anwendungen
- Unification Framework
- Suchmaschine für die Suche im Portal und in Backend-Systemen
- Workflow-Integration mit zentraler Workflow-Inbox
- Look & Feel-Service
- Knowledge Management und Collaboration zur Verwaltung unstrukturierter Informationen
- Repository Framework zu Anbindung unterschiedlicher Datenquellen innerhalb des SAP Knowledge Management

6.2 IT-Practices

Das SAP NetWeaver Portal ist vollständig in sämtliche Komponenten von SAP NetWeaver integriert. Durch die Kombination der Funktionen der einzelnen Komponenten wird eine hohe Flexibilität hinsichtlich der Einsatzszenarien nicht allein von SAP NetWeaver an sich, sondern insbesondere auch für das SAP NetWeaver Portal erreicht. Die entstehenden Kombinationsmöglichkeiten werden in übliche Abläufe bzw. Lösungsszenarien gruppiert, die typischerweise in Unternehmen im IT-Bereich auftreten, in so genannte *IT-Practices*.

Die Gesamtheit aller IT-Practices ist in der Business-Map für SAP NetWeaver dargestellt (siehe Abbildung 6.2).

Beim Aufbau eines Unternehmensportals sind typischerweise im ersten Schritt die folgenden IT-Practices von zentraler Bedeutung:

- **User Productivity Enablement**
- **Application Governance and Security Management**

Wenn Sie diese beiden IT-Practices umsetzen, sind die wesentlichen Anforderungen eines Portals, das vornehmlich für die Bereitstellung eines zentralen Zugangs zu Informationen und für Collaboration-Zwecke eingerichtet wird, erfüllt.

Um die Fülle der betriebswirtschaftlichen Inhalte zu erweitern, bietet sich beispielsweise die IT-Practice **Business Information Management** an, die sich zur Abbildung unterschiedlichster Formen des Berichtswesens in einem Unternehmen eignet, z.B. zum Management- und zum Kostenstellen-Reporting. Darüber hinaus ermöglicht Ihnen die Nutzung der IT-Practice **End-to-End Process Integration** die reibungslose Kopplung von Anwendungssystemen und Geschäftsprozessen. Dadurch lassen sich Prozesse, die heutzutage üblicherweise im Backend-System ablaufen, zum Endanwender bringen.

Außerdem bietet Ihnen die IT-Practice **Custom Development** die Möglichkeit, eigene Portalanwendungen zu entwickeln und damit die Flexibilität des Einsatzbereiches Ihres Unternehmensportals erheblich zu erweitern.

Welche IT-Practices grundsätzlich in einem Unternehmensportal zur Anwendung kommen, hängt in entscheidendem Maße von den betriebswirtschaftlichen Anforderungen ab, die zu unterstützen sind. Dazu müssen Sie aus Ihrer Portal-Roadmap zunächst die grundlegenden Einsatzszenarien für Ihr SAP NetWeaver Portal ableiten (z.B. »Enabling User Collaboration«). Danach identifizieren Sie die technischen Komponenten, die Sie für Ihr Einsatzszenario benötigen. Diese Komponenten sind hinter jeder IT-Practice der Business-Map hinterlegt.

6.3 Architekturausprägungen

Neben den betriebswirtschaftlichen, also den fachlichen Anforderungen, gibt es zahlreiche weitere Gestaltungsmerkmale, die Sie bei der Entscheidung für die richtige Architektur Ihres Unternehmensportals berücksichtigen müssen. Nachfolgend sind die wesentlichen Merkmale dargestellt.

User Productivity Enablement	Running an Enterprise Portal	Enabling User Collaboration	Business Task Management	Mobilizing Business Processes	Enterprise Knowledge Management	Enterprise Search
Data Unification	Master-Data Harmonization	Master-Data Consolidation	Central Master-Data Management	Enterprise Data Warehousing		
Business Information Management	Enterprise Reporting, Query, and Analysis	Business Planning and Analytical Services	Enterprise Data Warehousing	Enterprise Knowledge Management	Enterprise Search	
Business Event Management	Business Activity Monitoring	Business Task Management				
End-to-End Process Integration	Enabling Application-to-Application Processes	Enabling Business-to-Business Processes	Business Process Management	Enabling Platform Interoperability	Business Task Management	
Custom Development	Developing, Configuring, and Adapting Applications	Enabling Platform Interoperability				
Unified Life-Cycle Management	Software Life-Cycle Management	SAP NetWeaver Operations				
Application Governance and Security Management	Authentication and Single Sign-On	Integrated User and Access Management				
Consolidation	Enabling Platform Interoperability	SAP NetWeaver Operations	Master-Data Consolidation	Enterprise Knowledge Management	Enterprise Data Warehousing	
ESA Design and Deployment	Enabling Enterprise Services					

Abbildung 6.2 Business-Map für SAP NetWeaver

Funktionalität

Der Einsatz der in Abschnitt 6.1 beschriebenen Portalfunktionen determiniert die Ausprägung der Portalarchitektur in der Mehrzahl der Fälle als wesentliches Gestaltungsmerkmal.

Non-funktionale Anforderungen

Neben betriebswirtschaftlichen Geschäftsprozess- und fachlichen Anforderungen gibt es eine Reihe von nonfunktionalen Aspekten zu berücksichtigen, wenn Sie die Architektur Ihres Unternehmensportals entwerfen. Hierzu zählen vornehmlich:

- gefordertes Lastverhalten (gemessen an der Zahl der Nutzer)
- gefordertes Antwortzeitverhalten
- Stabilität des Systems
- Systemverfügbarkeit
- Unterstützung von Internet-, Intranet- oder Extranet-Szenarien

Integrationsgrad

Dieses Gestaltungsmerkmal bezieht sich zum einen auf die Portalarchitektur im engeren Sinne, wenn Softwareprodukte von Drittanbietern eingebunden werden (z. B. Web-Content-Management-Systeme), und zum anderen auf die Art und Weise, wie im Zuge des kontinuierlichen Ausbaus des Unternehmensportals weitere Anwendungen (z. B. andere SAP-Systeme oder Eigenentwicklungen) in das Portal integriert werden.

Grundsätzlich stehen Ihnen die folgenden Integrationsgrade zur Verfügung:

- **URL-Integration**
  Die URL-Integration beschreibt die Integration einer Anwendung über einen URL-Link ins SAP NetWeaver Portal. Hierzu bietet das SAP NetWeaver Portal verschiedene Hilfestellungen und Werkzeuge für die dynamische URL-Generierung. Die Anwendung selbst läuft auf einem anderen Web- oder Applikationsserver.
- **Portalintegration über Web-Dynpro-iViews**
  Die Laufzeitumgebung und das Rendering der Webanwendung laufen auf dem SAP NetWeaver Application Server des SAP NetWeaver Portal.
- **Portalintegration über Java-iViews**
  Die Laufzeitumgebung und das Rendering der Webapplikation laufen auf dem SAP NetWeaver Application Server des SAP NetWeaver Portal.

Entwicklungs- und Integrationstechnologien

Um Anwendungen – sowohl SAP-Anwendungen als auch Eigenentwicklungen und Anwendungen von Partnern – in das Unternehmensportal zu integrieren und dem Benutzer zur Verfügung zu stellen, stehen eine Reihe von unterschiedlichen Technologien bereit. Im Folgenden werden die wesentlichen genannt und kurz beschrieben:

- **Web Dynpro**
  Die Web-Dynpro-Technologie stellt die Entwicklungs- und Laufzeitumgebung für Webapplikationen zur Verfügung. Sie verbessert die klassische Webentwicklung, indem sie eine effizientere und benutzerfreundlichere Erstellung von Schnittstellen für professionelle Webanwendungen ermöglicht. Web Dynpro ist Bestandteil des SAP NetWeaver Application Server. Web Dynpro for Java ist ab SAP NetWeaver 2004 verfügbar, Web Dynpro for ABAP ab SAP NetWeaver 2004s.
- **Internet Transaction Server (ITS)**
  Der ITS dient als Schnittstelle zwischen SAP R/3 bzw. mySAP ERP und dem Internet und ermöglicht es Benutzern, betriebswirtschaftliche Transaktionen, Funktionsbausteine und Berichte als Internetanwendungskomponenten (IACs) zu starten. Aktuelle Release-Stände sind ITS 6.20 und ITS 6.30.
- **Business Server Pages (BSP)**
  SAP Business Server Pages sind HTML-Seiten, die die Internetbenutzerschnittstelle definieren und die Elemente der Benutzerinteraktion festlegen.

Unterstützung komplexer Portallandschaften

Es sind unterschiedliche Ausprägungen der Portallandschaft vorstellbar, die im Wesentlichen vom Grad der Zentralisierung abhängen:

- **Central Portal**
  Auf eine Portalinstanz wird global zugegriffen.
- **Multitenant Portal**
  Auf einer zentralen Portalinstanz werden logisch mehrere »Mandanten« betrieben.

- **Syndicated Portal**
  Dieser Ansatz verwendet das Prinzip des »Syndicated Content«, also der Mehrfachverwertung von Inhalten in verschiedenen Portalinstanzen unter Beibehaltung der Layoutprinzipien der einzelnen Instanzen.
- **Federated Portal**
  Mehrere dezentrale Portalinstanzen sind an Standorten verteilt und untereinander verbunden. Die Anwender greifen jeweils auf das geografisch nächstgelegene Portal zu. Dabei werden zum Teil so genannte *Remote-Inhalte* von anderen Portalen angezeigt.
- **Dezentrale Portale**
  Völlig autarke, eigenständige Portalinstanzen ohne Kopplung untereinander.

Systemlandschaft
Zur Vermeidung von Störungen des Produktionsbetriebes werden typischerweise Customizing-, Entwicklungs- und Testaufgaben auf gesonderten Mandaten durchgeführt. Dabei lassen sich folgende Mandanten unterscheiden:

- **Customizing-Mandant**
  Customizing und Entwicklungsarbeiten sollten in einem Customizing- und Entwicklungsmandanten durchgeführt werden. Für ihn ist die Abkürzung CUST üblich.
- **Qualitätssicherungsmandant**
  Tests (z. B. Integrationstests) sollten in einem Qualitätssicherungsmandanten durchgeführt werden. Für diesen Mandanten ist die Abkürzung QTST üblich.
- **Produktivmandant**
  Der separate Mandant für produktive Nutzung des SAP-Systems heißt Produktivmandant. Für ihn ist die Abkürzung PROD üblich.

Für die Systemlandschaft, also die Gesamtheit der SAP-Systeme sowie der verbindenden Transportwege, gibt es zwei Gestaltungsalternativen:

- **Drei-System-Landschaft**
  Sie besteht aus drei SAP-Systemen, wobei jeder der genannten Mandanten (CUST, QTST und PROD) in einem eigenen SAP-System enthalten ist. Änderungen werden ausschließlich im Customizing-Mandanten durchgeführt und nach Freigabe der zugehörigen Änderungsaufträge in den Qualitätsmandanten transportiert. Nach erfolgreichem Test werden die Änderungsaufträge von dort in den Produktivmandanten transportiert.
- **Zwei-System-Landschaft**
  Sie besteht aus zwei SAP-Systemen, wobei die Mandanten CUST und QTST in einem SAP-System enthalten sind und der Mandant PROD in einem zweiten System. Der Ablauf der Änderungen, Freigaben und Transporte erfolgen grundsätzlich wie in der Drei-System-Landschaft.

Typischerweise bauen Sie die Systemlandschaft für Ihr Unternehmensportal dreistufig auf, sodass jeweils eine Umgebung für Entwicklungszwecke, für Qualitätssicherungs- und Testzwecke und für den produktiven Betrieb besteht. Im Einzelfall hängt die Ausgestaltung der Systemlandschaft jedoch von den individuellen Anforderungen ab, zu denen beispielsweise auch Kostenvorgaben zählen (siehe hierzu das TCO-Modell von SAP in Abschnitt 3.6).

Zentrale Komponenten brauchen Sie in beiden Varianten nur einmal vorzuhalten. Dazu gehören beispielsweise:

- SAP Solution Manager
- SAP System Landscape Directory
- SAP NetWeaver Java Development Infrastructure

Architekturdesign
Die in Abschnitt 6.3 dargestellten Gestaltungsmerkmale müssen gemäß Ihren unternehmensindividuellen Bedürfnissen bewertet und priorisiert werden. Daraus leitet sich dann die optimale Architekturvariante für Ihren Einsatz des SAP NetWeaver Portal ab. Unterstützung erhalten Sie dabei durch ein erprobtes Beratungsangebot der SAP (**Solution and Architecture Design**). Einzelheiten dazu finden Sie im SAP Service Marketplace unter *http://service.sap.com*.

6.4 Zusammenfassung

Die Portalarchitektur auf Basis von SAP NetWeaver Portal ist das Fundament des betriebswirtschaftlichen Erfolgs Ihres Unternehmensportals. Grundlage für die Identifikation der geeigneten Ausgestaltung der Portalarchitektur ist die Analyse der IT-Practices von SAP NetWeaver sowie die Bewertung der verschiedenen Gestaltungsmerkmale im Einzelfall. Zu den wesentlichen Merkmalen gehören beispielsweise non-funktionale Anforderungen wie das Antwortzeitverhalten sowie der geforderte Integrationsgrad und die Ausprägung der Systemlandschaft.

7 Change Management: Akzeptanz fördern und Reichweite maximieren

Die Einführung von Portalservices wie Self-Service-Szenarien verändert einerseits gewohnte Prozesse, andererseits nimmt der Grad der Selbstverantwortung der Mitarbeiter in einem bisher ungewohnten Maße zu. Dabei schaffen veränderte Prozesse und neue technische Möglichkeiten zunächst lediglich das Potenzial für Verbesserungen. Der erwartete wirtschaftliche Erfolg entsteht jedoch erst durch ihre Akzeptanz und effektive Nutzung durch alle Mitarbeiter.

Damit dies sichergestellt wird, müssen Veränderungen auf formaler Ebene sowie auf der Prozessebene initiiert und gesteuert werden, und zwar mit dem Ziel, die Veränderungsbereitschaft und Veränderungsfähigkeit aller Mitarbeiter zu erhöhen.

Dieser Prozess wird im Allgemeinen als *Change Management* bezeichnet. Exakter ist der Begriff nicht abgegrenzt. Der größte gemeinsame Nenner aller Interpretationen besteht in der Definition als »Management von Veränderungsprozessen in Organisationen«.

Die Bedeutung von Change Management als strategischer Programmfunktion ist erkannt: So bewerten 79 Prozent der SAP-Kundenprojekte den Einfluss von Change-Management-Aktivitäten auf den Projekterfolg als hoch bis sehr hoch (vgl. SAP und Universität Mannheim, 2004). Die Steuerung dieses Prozesses ist eine zentrale Programmaufgabe und im Rahmen von Portalprojekten zu institutionalisieren. Wie eine solche Verankerung vorzunehmen ist, beschreibt dieses Kapitel.

7.1 Erfolgsfaktoren

SAP hat eine Vielzahl von SAP-Implementierungsprojekten analysiert und sechs wesentliche Erfolgsfaktoren für das Change Management identifiziert. Diese werden im Folgenden erläutert und bezüglich ihrer Anwendung für Portalprojekte konkretisiert. Die Erfolgsfaktoren sind nicht als optional zu verstehen, sondern ergänzen sich und bauen aufeinander auf.

1. Erfolgsfaktor: Gemeinsame Orientierung schaffen

Eine Portallösung soll den Mitarbeitern als so genannter *Single Point of Entry* personalisierten Zugriff auf alle Unternehmensinformationen und relevanten Prozesse ermöglichen (siehe auch Kapitel 6). Die Chance dieser Neuausrichtung muss sich in der Portalstrategie niederschlagen. Spätestens bei der Erarbeitung der inhaltlichen Ziele sollten alle betroffenen Geschäfts- und Fachbereiche eingebunden werden. Die Befürchtung, dass deren Einbindung lediglich zu mehr Aufwand ohne erkennbaren Nutzen führt, ist unbegründet. Die Erfahrung hat gezeigt, dass Projektunterstützung, die Sie in dieser Phase erzielen, sich im späteren Projektverlauf und im Linienbetrieb auszahlt, weil sie zu einer erhöhten Akzeptanz des Portals führt.

Die gemeinsam erarbeiteten Ziele müssen festgeschrieben, bedarfsgerecht visualisiert und an alle Mitarbeiter zielgruppengerecht kommuniziert werden. Die Erhöhung des Informationsstandes sowie die Ausrichtung auf die Veränderungsziele ermöglichen eine gemeinsame Orientierung, die wiederum eine Voraussetzung für eine höhere Veränderungsbereitschaft darstellt.

Zur Unterstreichung der Neuartigkeit des Unternehmensportals und der zugehörigen Portalservices dient eine entsprechende Portalvision (siehe Abschnitt 2.2).

2. Erfolgsfaktor: Überzeugung herstellen

Das Wissen über die Portaleinführung und die damit verbundenen Ziele reicht nicht aus, damit die Mitarbeiter letztere auch mittragen. Es ist notwendig, dass die Mitarbeiter von der Notwendigkeit der Veränderungen überzeugt sind, dass sie den Nutzen der neuen Lösungen kennen und für sich akzeptieren. Dafür müssen das Top-

Management und die Führungskräfte des Unternehmens die Veränderungen vorleben. Es sollte der Grundsatz »Betroffene werden zu Beteiligten« beherzigt werden, wobei es gilt, möglichst viele Mitarbeiter aktiv in die Portaleinführung einzubeziehen. Dies wandelt Ängste in Sicherheit, ermöglicht praxisnahe Lösungen und eine hohe Motivation aller Beteiligten.

Eine bewährte Methode ist der Einsatz von Meinungsbildnern, so genannter *Change Agents*, die die Notwendigkeit für die Veränderungen erkennen und das Projekt bei der Überzeugung der Mitarbeiter und weiterer Stakeholder unterstützen. Change Agents können sich im Projektverlauf ändern, daher ist ihre Identifizierung und Einbindung ein laufender Prozess.

Auch der Aufbau und die Steuerung von fachlichen Arbeitsgruppen, die aktiv die Inhalte des Projektes mitbestimmen, ist eine geeignete Methode zur Verankerung der Ideen über verschiedenste Interessengruppen hinweg. So kann z. B. eine Arbeitsgruppe »Benutzeroberfläche« die strategischen, fachlichen und technisch-ergonomischen Aspekte der Benutzeroberfläche erarbeiten und in einem verbindlichen *Styleguide* definieren.

Überzeugung basiert auch auf guten Argumenten. Liefern Sie diese bedarfsgerecht und zielgruppenspezifisch in Form von Nutzenargumentationen. Diese müssen einerseits das gesamte Portalprogramm berücksichtigen und anderseits den Nutzen auf Ebene einzelner Portalservices darstellen. Zeigen Sie z. B. Ihren Mitarbeitern konkret, wie durch die Einführung des Employee Self-Service »Schulungsbuchung« ein zuvor papierbasierter Prozess leicht mit wenigen Mausklicks durchgeführt werden und gleichzeitig der Mitarbeiter jederzeit den Stand der Buchung inklusive aller relevanten Informationen über die gebuchte Schulung einsehen kann.

Durch den Bezug zur eigenen Person sind personalbezogene Prozesse besonders geeignet, die positive Einstellung der Mitarbeiter zum Portalprogramm zu fördern. So werden Portalservices wie die Mitarbeiterpersonalakte, interne Stellenangebote, der Entgeltnachweis und der Zugriff auf Formulare wie Arbeitsbescheinigungen von den Mitarbeitern selbst zumeist stark nachgefragt.

Wie sehr der durch den Mitarbeiter wahrgenommene Nutzen über die Akzeptanz entscheidet, ist wissenschaftlich belegt (vgl. Schäffer-Külz, 2004). Ein wahrgenommener hoher Nutzen führt zu einer stärkeren Systemnutzung, einer höheren Nutzerzufriedenheit und einer niedrigen psychischen Beanspruchung der Mitarbeiter.

3. Erfolgsfaktor: Befähigung sicherstellen

Für den Erfolg des Veränderungsprozesses sind nicht nur die Veränderungsbereitschaft und -fähigkeit der Mitarbeiter relevant. Diese müssen auch durch eine fachliche Qualifizierung in die Lage versetzt werden, die neuen Prozesse und Lösungen effektiv zu nutzen. Definieren Sie relevante Qualifizierungsmethoden, z. B. Präsenztraining, Onlinetraining, Onlinehilfen, Leitfäden etc., und ordnen Sie diesen die Portalservices und Zielgruppen zu. Dies ist notwendig, um effektiv und effizient das Wissen zu den Mitarbeitern zu bringen und Kosten zu sparen. So kann das Wissen zu leicht vermittelbaren Portalservices wie dem Self-Service-Szenario »Personalstammdaten ändern« über einfache Leitfäden vermittelt werden, während komplexere Services wie das Reisemanagement über Präsenztrainings geschult werden sollten.

Pilotieren Sie nicht nur die Lösungen, sondern auch die Schulungsformen. Bieten Sie optional verschiedene Alternativen zur Vermittlung an. Die Wahl der Piloten ist von entscheidender Bedeutung, aber beachten Sie, dass von den Erfahrungen mit einer Zielgruppe nicht auf alle Zielgruppen geschlossen werden darf. Dies gilt insbesondere vor dem Hintergrund, dass mit Einführung von Self-Service-Szenarien einige Mitarbeiter vielleicht erstmalig mit Computersystemen in Kontakt kommen.

Neben den klassischen Qualifizierungsmethoden sollten weitere Formen der Unterstützung wie Feedback, Beratung, Informationsveranstaltungen, aber auch transparente Entscheidungsprozesse etabliert werden.

4. Erfolgsfaktor: Einheitliche Projektwahrnehmung sicherstellen

Die Mitglieder des Portalprogramms haben eine wichtige Kommunikations- und Multiplikationsfunktion für das gesamte Vorhaben. Je einheitlicher ihr Verhalten und ihre Kommunikation in Richtung der betroffenen Mitarbeiter sind, umso leichter kann eine gemeinsame Orientierung erreicht und Überzeugung hergestellt werden.

Sie können dies u. a. erreichen, indem Sie die Kommunikations- oder Personalentwicklungsabteilung verantwortlich in das Portalprojekt einbinden. Diese Abteilungen verfügen erfahrungsgemäß über die notwendige

Nähe zum Top-Management und zu den Mitarbeitern und besitzen darüber hinaus zumeist tiefen Einblick in die Informationsbedarfe verschiedenster Unternehmenszielgruppen.

Definieren Sie klare Kommunikationsrichtlinien und greifen Sie auf im Unternehmen etablierte Kommunikationskanäle zurück. So sollte bereits zu Beginn des Programms definiert werden, welche Programm-Mitglieder in welcher Phase über welche Medien an welche Zielgruppen kommunizieren.

Oft werden in diesem Zusammenhang die Regeln, die zur externen Kommunikation gelten, vernachlässigt. Diese unterliegt den gleichen Mechanismen. Beginnen Sie erst dann mit der externen Kommunikation, wenn sich das Programm etabliert hat und Sie sich einen Mehrwert für das Unternehmen versprechen. Allzu häufig werden nur persönliche Eitelkeiten mit externen Auftritten bedient.

5. Erfolgsfaktor: Ergebnisse erfahrbar machen

Zu Beginn eines Veränderungsprojektes ist die Veränderung noch nicht greifbar. Den betroffenen Mitarbeitern fehlt häufig eine konkrete Vorstellung vom Neuen. Vor diesem Hintergrund ist es notwendig, so früh wie möglich Ergebnisse sichtbar und erfahrbar zu machen.

Bewährt haben sich hier offene Informationsveranstaltungen, die den Mitarbeitern die Möglichkeit bieten sollten, sich einerseits über den Nutzen der neuen Technologien und Anwendungen zu informieren und andererseits diese an betreuten Terminals zu erleben und über eine spielerische Nutzung zu erfahren.

Die ersten Portalanwendungen müssen Zugkraft haben und den Nutzen für die Mitarbeiter verdeutlichen. Dies gelingt, wenn z. B. Routineaufgaben, wie die Pflege von Personaldaten, die Beantragung von Reisen, die Pflege und Einsichtnahme in Zeitkonten besser und mit weniger Aufwand erledigt werden können (siehe hierzu auch Abschnitt 4.4).

Dokumentieren und veröffentlichen Sie in regelmäßigen Abständen Erfahrungsberichte und Erfolgsgeschichten aus den Organisationseinheiten und Arbeitsgruppen. Zeigen Sie z. B., wie sich durch den Einsatz von SAP Knowledge Management konkret der Wissenstransfer beschleunigt hat, während gleichzeitig Reisekosten reduziert werden konnten.

6. Erfolgsfaktor: Nachhaltigkeit der Veränderung sicherstellen

Veränderungsprozesse werden nur nachhaltig erfolgreich sein, wenn sich die neuen Denk- und Verhaltensweisen positiv verstärken, und wenn die Mitarbeiter ermutigt werden, die gewünschten Veränderungen zu leben und im Rahmen sinnvoller Freiräume mit- und auszugestalten.

Ein wesentlicher Punkt ist die kontinuierliche organisatorische Abbildung der hierzu notwendigen Strukturen, d. h. die Überführung von Programmverantwortlichkeiten in die Linie (siehe Abschnitt 4.2).

Stellen Sie über einen professionellen Anforderungsprozess sicher (siehe Kapitel 5), dass die Ideen der Mitarbeiter gleichbehandelt und zeitnah bewertet werden. Umgesetzte Ideen mit nachweisbarem Nutzen sollten prämiert, mindestens jedoch kommuniziert werden.

Abbildung 7.1 zeigt den Einfluss und die Intensität der Erfolgsfaktoren im Programmverlauf und verdeutlicht, dass wesentliche Erfolgsfaktoren bereits vor der eigentlichen Implementierungsphase durch geeignete Maßnahmen sicherzustellen sind.

Die Darstellung bildet einerseits den übergeordneten Rahmen, gilt jedoch gleichfalls für die Einführung der einzelnen Portallösungen. Daher muss die Sicherstellung der Erfolgsfaktoren für jede einzelne Anwendung geprüft werden.

7.2 Strategiedefinition

Im Rahmen eines Portalprogramms ist die spezifische Ausgestaltung des Change Managements im Zeitverlauf zu definieren. Diese Ausgestaltung erfolgt in Form einer Change-Management-Strategie, die die nachfolgenden fünf Handlungsfelder definiert.

Handlungsfeld 1: Change Management im Programm verankern

Change Management kann ohne eine organisatorische und personelle Change-Management-Struktur und eine Verankerung in die Programmorganisation nicht effektiv und effizient wirken. Die Change-Management-Struktur ist vom Umfang des Portalprogramms sowie von der Größe der Organisation abhängig. Sie sollte noch vor Programmbeginn aufgebaut werden und arbeitsfähig

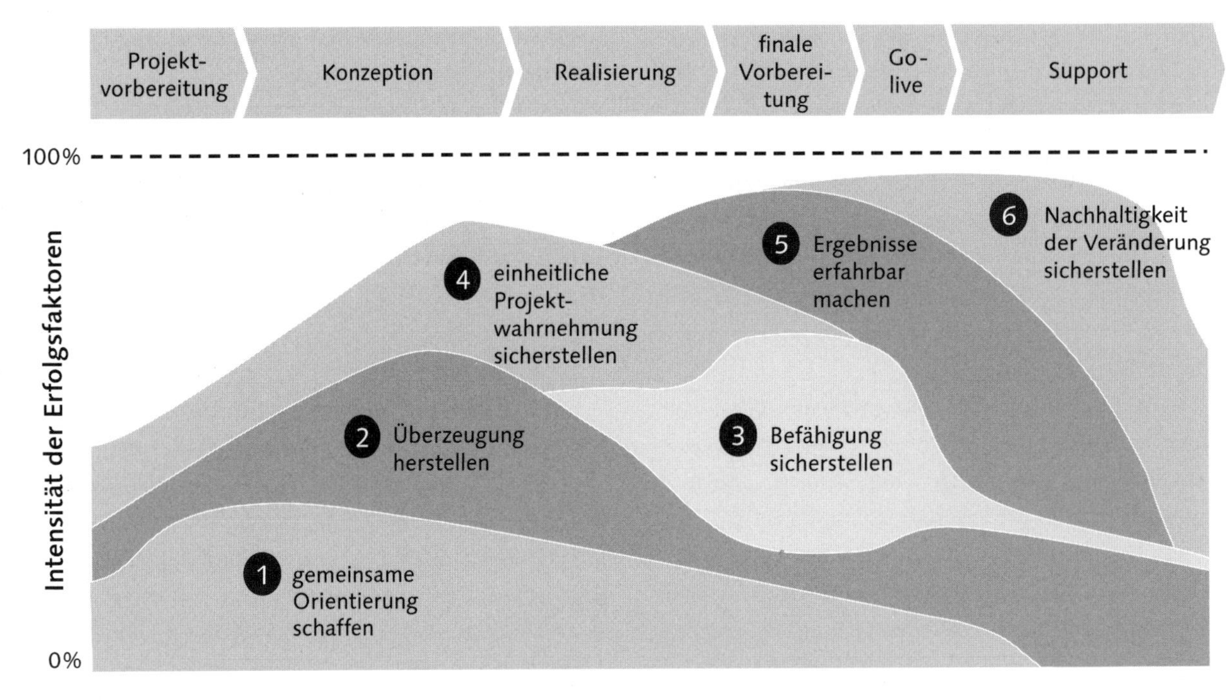

Abbildung 7.1 Einfluss und Intensität der Change-Management-Erfolgsfaktoren im Programmverlauf

sein. Entsprechend der Change-Management-Strategie und der daraus resultierenden Aufgabenintensität in den verschiedenen Programmphasen ändert sich die Change-Management-Struktur i.d.R. im Zeitverlauf.

Change Management ist einer der wesentlichen Erfolgsfaktoren von Portalprogrammen. Daher empfiehlt es sich, diese Funktion als unterstützende programmübergreifende Querschnittsaufgabe und nicht als losgelöstes Teilprojekt zu etablieren. Verbinden Sie die Aufgaben Kommunikations- und Change Management in dieser Querschnittsfunktion.

Handlungsfeld 2: Change-Management-Analyse durchführen

Eine sorgfältige Change-Management-Analyse gibt ein auf das Wesentliche reduziertes und bewertetes Bild der Situation und ihrer Interessengruppen. Sie stellt die unterschiedlichen Aspekte des Change Managements im Zusammenhang dar und bietet somit eine erste Change-Management-Diagnose des Portalprogramms. Je gründlicher und umfassender die Analyse erfolgt, desto zielgerichteter können Change-Management-Maßnahmen für die einzelnen Interessengruppen entworfen werden.

Die Analyse erfolgt in vier Schritten, die nachfolgend erläutert und für Portalprogramme konkretisiert werden.

1. **Klassifizierung des Veränderungsvorhabens**
   Portalprogramme führen erfahrungsgemäß nur zu geringen Ängsten bzw. Irritationen bei den Mitarbeitern. Hierzu sind die Veränderungen in Organisation und Prozessen gegenüber vergleichbaren Reorganisations- bzw. Reengineering-Projekten zu gering. Andererseits erfordern neue Portalservices insbesondere in den Bereichen Knowledge Management und Collaboration nachhaltige Veränderungen im Verhalten der Mitarbeiter. Im Vergleich zu Vorhaben, die strukturelle Veränderungen zum Ziel haben, kann dies zu langen Laufzeiten führen.
2. **Quantitative Bestimmung des Veränderungsbedarfs**
   Eine strategische Wirkungsdimension von Portalprogrammen ist die Reichweite des Vorhabens (siehe Abschnitt 2.1). In der Regel sind alle Mitarbeiter des Unternehmens von den Veränderungen betroffen. Auf der Basis sinnvoller Cluster sollten diese Veränderungen strukturiert dargestellt und um interne Stakeholder, wie z.B. Betriebsrat, Datenschutzbeauftragte, Revision, erweitert werden. Cluster können hierbei sein: Gesellschaften, Bereiche und Mitarbeitertypen –

z. B. Top-Management, die Managementebenen darunter sowie Mitarbeiter. Hierbei hilft eine detaillierte Analyse der Organigramme der Organisation. Gleichzeitig müssen Sie prüfen, wie tiefgreifend der Einfluss des Portalprogramms auf andere, externe Akteure des Ökosystems ist, z. B. auf Analysten oder Lieferanten. Dies ist in der Regel immer dann der Fall, wenn über das Portal auf Geschäftsprozesse zugegriffen wird.

3. **Qualitative Bestimmung des Veränderungsbedarfs**
   Hierbei müssen Sie für jeden Portalservice die Auswirkungen der Einführung auf die Mitarbeiter und weitere Interessengruppen prüfen. Neben einem erhöhten Grad der Selbstverantwortung für alle Mitarbeiter kann es insbesondere zu Veränderungen in den Verantwortlichkeiten für Prozess-Schritte oder vollständige Prozesse kommen. So kann z. B. die Nutzung eines Self-Service-Szenarios »Beschaffung« die Aufgabenverteilung in der Einkaufsabteilung verändern, während gleichzeitig allen Mitarbeitern die Möglichkeit gegeben wird, auf Basis vordefinierter Kataloge und abgestimmter Einkaufsprozesse ihren Bedarf selbstständig abzuwickeln.
4. **Analyse der Vorerfahrungen**
   Dieser Punkt der Analyse wird häufig unterschätzt. Dabei entscheiden insbesondere Veränderungsfähigkeit und Veränderungsbereitschaft der Organisation über die Intensität der notwendigen Change-Management-Maßnahmen.
   Innovative und technikaffine Unternehmen oder Unternehmensbereiche benötigen erfahrungsgemäß weniger Zeit, um neue Prozesse zu akzeptieren und sich innerhalb der neuen Lösungen zu orientieren. Auch können Sie im Zuge der Einführung Ihres Unternehmensportals auf Organisationseinheiten treffen, die nicht oder nur sehr eingeschränkt mit dem Umgang mit elektronischen Lösungen vertraut sind. Untersuchen Sie deshalb nicht nur die technischen und ökonomischen Strukturen und Abläufe, sondern auch die weichen Faktoren wie Arbeitsklima oder die Zusammenarbeit innerhalb und zwischen den Bereichen.

Handlungsfeld 3: Change-Management-Konzept entwickeln

Das Change-Management-Konzept ist ein methodisch entwickeltes, in sich schlüssiges und wirksames Planungspapier, das im Projektverlauf fortgeschrieben werden muss. Der Kern des Change-Management-Konzeptes beschreibt die Change-Management-Strategie, das programmindividuelle Change-Management-Lösungsprinzip und die übergeordneten Change-Management-Leitlinien.

Darüber hinaus kann das Konzept helfen, das Thema »Change Management« für Programm-Mitglieder, den Lenkungsausschuss und weitere Interessensgruppen greifbarer zu formulieren, was wiederum Transparenz und Vertrauen in die geplanten Aktivitäten erhöht.

Handlungsfeld 4: Change-Management-Maßnahmen durchführen

Die im Change-Management-Konzept beschriebenen Maßnahmen werden entsprechend ihrer zeitlichen Planung im Programmverlauf umgesetzt. Eine Feinplanung der einzelnen Maßnahmen und eine Anpassung oder Modifikation an die konkrete Programmsituation ist in der Regel vor der jeweiligen Umsetzung nötig. Dies gilt auch für die so genannten *Sofortmaßnahmen*, die in einem frühen Programmstadium parallel zu der Change-Management-Analyse und der Entwicklung des Change-Management-Konzeptes aufgesetzt und durchgeführt werden.

Prüfen Sie bei jeder Maßnahme vor deren Verabschiedung und Umsetzung, welchen Zielbeitrag sie zum Erreichen der übergeordneten strategischen Portalziele und der definierten Erfolgsfaktoren leistet. Verzichten Sie auf Maßnahmen, bei denen der Zielbeitrag nicht gegeben oder nicht konkret ist.

Handlungsfeld 5: Change-Management-Controlling durchführen

Für die Sicherstellung einer hohen Qualität des Change Managements ist eine entsprechende Berücksichtigung im Programm-Controlling erforderlich (siehe Abschnitt 4.4). Die Definition eines geeigneten Qualitätsmaßstabs für das Change-Management-Controlling hat zwei konkrete Ansatzpunkte: einerseits die Bewertung des Programmstatus mit Blick auf die definierten Change-Management-Ziele, andererseits die Abschätzung des

Status der Maßnahmendurchführung im Rahmen der Erfolgsfaktoren.

Während der zweite Ansatz eine klassische Controlling-Aufgabe mit Soll-Ist-Vergleich darstellt, benötigen Sie für die Bewertung der Zielerreichung den Dialog mit den Anwendern. Schaffen Sie ein Klima, das ein offenes, persönliches Feedback ermöglicht. Institutionalisieren Sie Feedback-Runden auf allen Hierarchieebenen, und binden Sie dabei einen Großteil der Programm-Mitarbeiter ein.

Nicht alle Anwender sprechen offen über Ihre Erfahrungen und äußern Kritik. Ermöglichen Sie über einen elektronischen Fragebogen mit anonymisierter Auswertung, den Sie über das Unternehmensportal zur Verfügung stellen, dass auch diese Mitarbeiter die Möglichkeit haben, Ihre Verbesserungsvorschläge abzugeben und Wünsche zu äußern.

Bei der Bewertung der Akzeptanz und Benutzung von Portalservices helfen Akzeptanzmodelle wie das in Abbildung 7.2 dargestellte Modell von Davis.

Das Modell stellt einen Zusammenhang her zwischen der Nutzung bzw. der Absicht zur Nutzung einer Technologie und dem wahrgenommenen Nutzen sowie der wahrgenommenen einfachen Bedienung der Lösung. Change Management beeinflusst über externe Einflussvariablen wie Informationsbereitstellung, Nutzenargumentationen oder Systemunterstützung letztlich den Grad der tatsächlichen Akzeptanz und Nutzung von Portalservices.

7.3 Projektphasen und Methoden

Die eben beschriebenen Handlungsfelder werden in unterschiedlichen Phasen des Portalprogramms wirksam und decken in ihrer Gesamtheit den gesamten Programmverlauf ab.

Projektphasen

Wie in Abbildung 7.3 dargestellt, werden den einzelnen Handlungsfeldern die jeweils wirksamen Methoden und Instrumente des Change Managements zugeordnet. Die strategische Ausgestaltung erfolgt durch die Auswahl bzw. die Anpassung geeigneter Methoden und Instrumente des Change Managements für jedes Handlungsfeld.

Wichtig dabei ist zunächst die Verankerung des Change Managements im Programm (1. Arbeitsbereich), damit die nachfolgenden Arbeitsbereiche – z. B. die Change-Management-Analyse und das Change-Management-Konzept – einerseits an den strategischen Zielen des Programms ausgerichtet, andererseits aber angepasst werden können, wenn strategische Änderungen dies verlangen.

Ebenso ist darauf zu achten, den Erfolg der Change-Management-Maßnahmen zu überprüfen (5. Arbeitsbereich), weil daran häufig übergeordnete Zielkennzahlen geknüpft sind, z. B. Mitarbeiterzufriedenheit o. Ä. (siehe Abschnitt 2.3).

Methoden und Instrumente

Es gibt zahlreiche verschiedene Methoden und Instrumente für Change-Management-Maßnahmen. Tabelle 7.1 gibt Ihnen einen Überblick über diejenigen, die sich in der Praxis als am besten geeignet erwiesen haben.

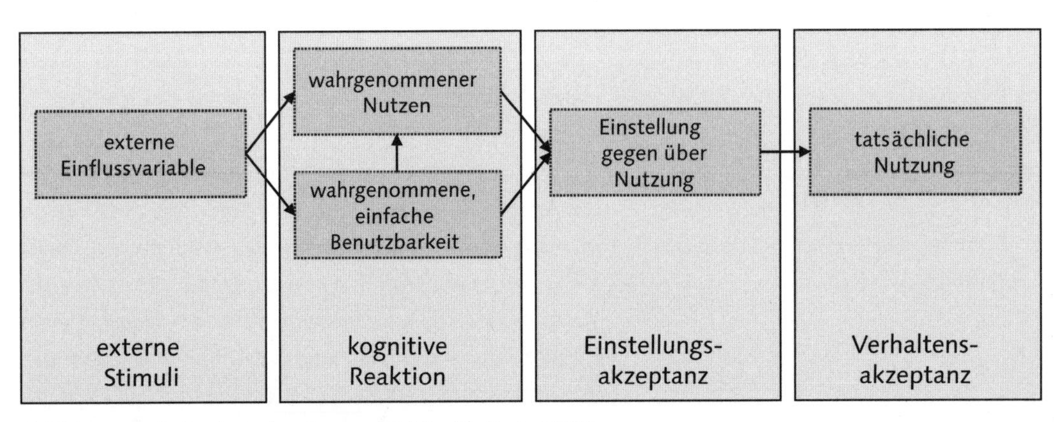

Abbildung 7.2 Technologieakzeptanzmodell (Quelle: Davis, 1989)

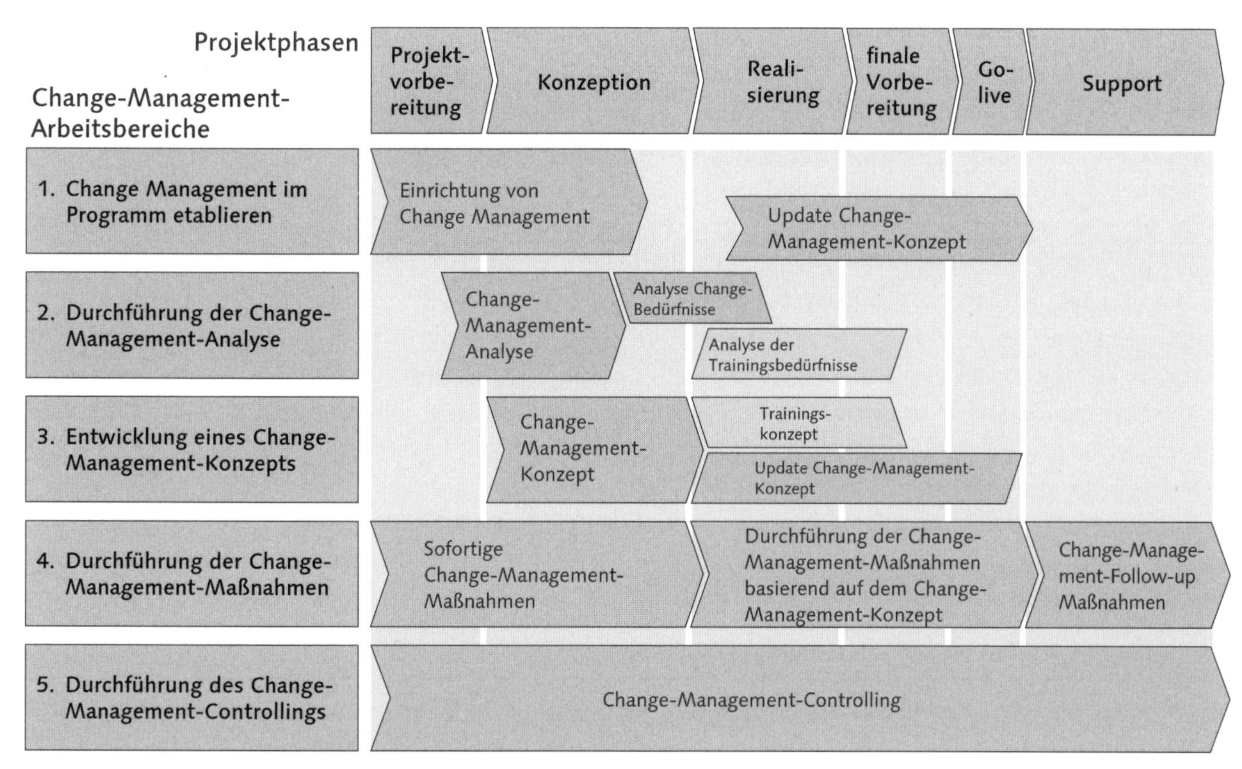

Abbildung 7.3 Change-Management-Handlungsfelder im Programmverlauf

Handlungsfeld	Methode/Instrument
Change Management im Projekt verankern	▶ Kick-off-Veranstaltung ▶ Coaching ▶ Teamentwicklung
Change-Management-Analyse durchführen	▶ Führungs- und Kulturanalyse ▶ Risikoanalyse ▶ Veränderungsbedarfsanalyse ▶ Betroffenheitsanalyse ▶ Medienanalyse ▶ Akzeptanzanalyse ▶ Informations- und Kommunikationsanalyse
Change-Management-Konzept entwickeln	▶ Strategieentwicklung ▶ Stakeholder-Analyse ▶ Kommunikationsplan
Change-Management-Maßnahme durchführen	▶ Coaching ▶ Teamentwicklung ▶ Kommunikationsmaßnahmen
Change-Management-Controlling durchführen	▶ Feedback ▶ Akzeptanzmodelle ▶ Balanced Scorecard

Tabelle 7.1 Methoden und Instrumente

7.4 Kommunikation

Kommunikation ist das mächtigste und effektivste Change-Management-Instrument. Der veränderte Grad der Selbstverantwortung der Mitarbeiter durch Portalservices erfordert ein hohes Maß an Kommunikation und Kooperation innerhalb der Organisationseinheiten.

Angesichts dieser Tatsache ergeben sich zwei wesentliche Aufgaben im Rahmen von Portalprogrammen: einerseits die Kommunikation von Informationen aus dem Portalprogramm, andererseits die Befähigung der Mitarbeiter, effektiv und effizient zu kommunizieren.

Kommunikation der Veränderungen

In Zeiten von Veränderungen steigt der Informations- und Kommunikationsbedarf der Mitarbeiter. Hier ist es die Aufgabe des Portalprogramms, die relevanten Informationen zielgruppenspezifisch aufzubereiten und gezielt weiterzuleiten. Überschätzen Sie nicht die Bedeutung des Portalprogramms für die Mitarbeiter. Wie zu Beginn dieses Kapitels erläutert wurde, verursachen die Veränderungen nur geringe Irritationen bei den Mitarbeitern. Vielmehr geht es darum, die Akzeptanz der Portalservices durch geeignete Kommunikationsmaßnahmen auf allen Hierarchieebenen zu schaffen und zu erhöhen. Dies müssen Sie bei Ihren Kommunikationsmaßnahmen beachten.

Verwechseln Sie hierbei Information nicht mit Kommunikation. Informationen liegen in der Regel ausreichend vor, d. h., wer sich informieren will, gelangt in der Regel auch an die gewünschten Informationen. Vielmehr ist der Austausch, bzw. die Auseinandersetzung mit dem Vorhaben und den daraus resultierenden Veränderungen notwendig. Dieser Prozess muss durch das Portalprogramm initiiert und gesteuert werden.

Hierzu sind unterschiedliche Formate für unterschiedliche Zielgruppen geeignet. Tabelle 7.2 zeigt ausgewählte Beispiele, die sich in der Praxis bewährt haben.

Zielgruppe	Exemplarische Maßnahme
Top-Management	▶ Lenkungsausschuss als oberstes Steuerungsgremium für die Portalinitiative ▶ persönliche Feedbackgespräche
Managementsponsoren	▶ Innovationsarbeitskreis
Management	▶ persönliche Feedbackgespräche
Mitarbeiter auf Arbeitsebene	▶ fachliche Arbeitsgruppen
alle Mitarbeiter	▶ Unternehmens-TV ▶ Intranet ▶ Betriebszeitung ▶ Mitarbeiterbefragung ▶ Preisausschreiben ▶ Tag der offenen Tür

Tabelle 7.2 Zielgruppenspezifische Kommunikationsmaßnahmen

Stellen Sie unabhängig vom Format sicher, dass die Kommunikationsziele pro Maßnahme klar formuliert sind und einen hohen Zielbeitrag zu den Gesamtzielen des Portalprogramms leisten. Dies erreichen Sie, indem alle Kommunikationsmaßnahmen zentral koordiniert werden und in einem Kommunikationsplan festgeschrieben sind. Nutzen Sie alle Hierarchieebenen und definieren Sie gemeinsam mit diesen die Inhalte. Mitarbeiter werden Botschaften des Top-Managements und der Führungskräfte aufmerksamer wahrnehmen als Informationen aus dem Programmteam.

Organisieren und bündeln Sie gleichfalls die Kommunikation nach außen. Definieren Sie die Botschaften, die Sie mit dem Portalprogramm an den Markt, die Kunden, die Lieferanten, den Wettbewerb oder auch die Analysten adressieren wollen.

Kommunizieren Sie, wenn immer möglich, Projekterfolge erst nach erfolgreichem Go-live. Arbeiten Sie in der Pre-Kommunikation dieser Termine mit Zeitrahmen, z. B.: »In den nächsten Wochen stehen Ihnen folgende neue Services zur Verfügung ...«. Die Erfahrung hat gezeigt, dass es in Projekten immer wieder zu zeitlichen Verzögerungen kommen kann. Eine nicht erfüllte Erwartungshaltung ist negativ für das Projekt, ein wenige Tage später zur Verfügung stehender Self-Service für den Mitarbeiter i. d. R. nicht unternehmenskritisch.

Befähigung zur Kommunikation

Dieser Aspekt im Rahmen der Change-Management-Maßnahmen wird häufig nicht erkannt und daher vernachlässigt. Die Mitarbeiter müssen jedoch erkennen, dass Kommunikation und Kooperation wesentliche Erfolgsfaktoren der Zukunft sind und, wie andere Tätigkeiten auch, erlernt werden müssen.

Portalprogramme schaffen lediglich die technische Infrastruktur, um Kommunikations- und Kooperationsprozesse zu unterstützen. Damit die mit der Einführung verbundenen Ziele auch realisiert werden können, müssen die Mitarbeiter diese Infrastruktur richtig nutzen. Berücksichtigen Sie dies in den Konzepten und Qualifizierungsmaßnahmen. Stehen die Lösungen den Mitarbeitern erst zur Verfügung, können Sie diesen Prozess gegebenenfalls nicht mehr steuern.

Verdeutlichen Sie allen Mitarbeitern im Rahmen der Programmarbeit, dass es Regeln für die Kommunikation gibt, die zu beachten sind.

Beherzigen Sie hierbei folgende Regeln:

- Kommunizieren Sie nie ohne einen bestimmten Zweck.
- Klären Sie zuerst die Sachlage und kommunizieren Sie dann.
- Kommunizieren Sie einfache Botschaften.
- Sprechen Sie Zielgruppen individuell an.
- Kommunizieren Sie schnell und direkt.
- Vermeiden Sie unnötige Kommunikation – es gibt auch des Guten zu viel.
- Erkennen Sie, welche Botschaften Sie besser nicht kommunizieren sollten.

7.5 Zusammenfassung

Change Management ist ein zentraler Erfolgsfaktor für Ihr Unternehmensportal. Gerade weil sich ein Portal an die Mehrzahl der Mitarbeiter des Unternehmens wendet, ist eine hohe Akzeptanz unter den Anwendern erforderlich, um die betriebswirtschaftlichen Ziele zu erreichen, die an das Portal geknüpft sind. Überlassen Sie den Erfolg der Change-Management-Maßnahmen daher nicht dem Zufall, sondern folgen Sie einem strukturierten Prozess, indem Sie das Change Management im Portalprogramm verankern und projektmäßig abarbeiten.

8 Ausblick: Trends erkennen und adaptieren

Die vorangegangenen Kapitel haben Ihnen eine detaillierte »Blaupause« für das Aufsetzen und die erfolgreiche Umsetzung Ihres Unternehmensportals mit SAP NetWeaver Portal geliefert. Doch Sie müssen Ihr Portalprogramm permanent weiterentwickeln und an veränderte Begebenheiten anpassen. Diese Veränderungen ergeben sich einerseits aus neuen betriebswirtschaftlichen Herausforderungen, denen das Unternehmensportal gerecht werden muss, und andererseits aus dem technologischen Fortschritt, der Ihnen zusätzliche Möglichkeiten eröffnet.

In diesem Kapitel werden zunächst wesentliche zukünftige Anforderungen an Unternehmensportale dargestellt.[1] Anschließend folgt ein Überblick über die Entwicklungen von SAP, die Ihnen helfen, auf die zukünftigen Veränderungen vorbereitet zu sein.

8.1 Herausforderungen der Zukunft

Abbildung 8.1 enthält die wesentlichen, übergeordneten IT-Herausforderungen, mit denen sich Unternehmen konfrontiert sehen.

Wichtige Aspekte sind demnach ein effektives Kostenmanagement und möglichst eine Reduktion des Gesamtkostenniveaus für IT-Kosten. Parallel dazu müssen aber weitere Zielsetzungen erreicht werden, die in Teilen gegenläufig sind, z. B. das effektive Aufgreifen technologischer Innovation und die nachhaltige organisatorische Verankerung von IT im gesamten Unternehmen. Gleichzeitig soll auch eine hohe Servicequalität erreicht werden.

Die Gegenläufigkeit der Zielsetzungen führt zu einer grundsätzlichen Forderung nach erhöhter Produktivität des IT-Bereichs bei Steigerung der Innovationsfähigkeit

	Strategische Herausforderungen	Abgeleitete Maßnahmen
1	Kostenkontrolle	Verbesserung der Ressourcenauslastung
2	Kapazitätsoptimierung	Einführung eines strategischen IT-Controlling
3	Reduktion von Unterstützungsprozessen	Auslagerung von Wartung und Support
4	Management rapider technologischer Entwicklungen	Einführung effektiver Technologie-Evaluationsverfahren
5	Nachhaltige organisatorische Ausrichtung	Etablierung eines Strategieplanungsprozesses
6	Ermöglichung mobilen Arbeitens	Unterstützung eines außerbetrieblichen Einsatzes von IT
7	Sourcing-Optimierung	Zentralisierung des IT-Einkaufs und der IT-Beschaffung

Abbildung 8.1 IT-Herausforderungen und abgeleitete Maßnahmen (Quelle: CIO, 2005)

1 Weiterführende Informationen finden Sie unter *http://www.sap.com/solutions/index.epx*.

zur selben Zeit. Daraus folgt, dass nicht allein standardisierte Services und Abläufe effizienter gestaltet werden müssen, sondern dass auch der Innovationsprozess an Effizienz und Effektivität gewinnt.

Auf Unternehmensportale bezogen bedeutet das, dass Sie beispielsweise nicht nur Geschäftsprozesse verschlanken und kostengünstiger gestalten müssen, indem Sie Self-Service-Szenarien anbieten. Sie müssen gleichzeitig in der Lage sein, die Ergonomie der Benutzungsschnittstelle durch innovative Gestaltungstechnologien (z.B. kontextsensitive Bereitstellung von Informationen und Prozessen) fortwährend zu optimieren.

Erschwert wird die Situation durch die kürzer werdenden Innovationszyklen, was neben einer erhöhten Produktivität und einer gesteigerten Innovationsfähigkeit auch eine Dynamisierung der IT-Landschaft erfordert. Derzeit befinden sich Unternehmen im Prozess der Umsetzung dieser Dynamisierung, wie Abbildung 8.2 darstellt.

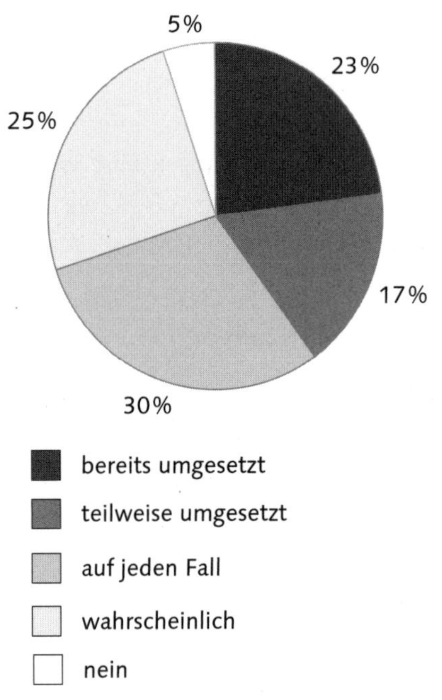

Abbildung 8.2 Planungsstand in Unternehmen zur Dynamisierung von IT-Landschaften (Quelle: CIO, 2006)

40 Prozent der Unternehmen haben Vorhaben zur Dynamisierung der IT-Landschaft gestartet oder sogar schon abgeschlossen. Ein weiteres Drittel bejaht zudem die Frage, ob derartige Projekte anstehen. Lediglich fünf Prozent haben das Thema nicht auf der Agenda.

Zusammenfassend lässt sich feststellen, dass die wesentlichen Herausforderungen in der Zukunft darin liegen werden, die IT im Unternehmen im Spannungsfeld der Faktoren Produktivität, Innovationsfähigkeit und Dynamik optimal aufzustellen. In Abschnitt 8.2 wird gezeigt, dass Ihr Unternehmensportal auf Basis von SAP NetWeaver den ersten Schritt darstellt, um diesen Anforderungen langfristig gerecht zu werden.

8.2 Roadmap von SAP

Die SAP-Roadmap fußt im Wesentlichen auf zwei Säulen, nämlich der Enterprise Services Architecture als betriebswirtschaftlich getriebenem Bauplan für zukünftige Softwareanwendungen und SAP NetWeaver als Technologieplattform sämtlicher SAP-Lösungen.

Durch die Verknüpfung mit Enterprise Services wird SAP NetWeaver sukzessiv in Richtung der so genannten *Business Process Platform* (BPP) ausgebaut, wie in Abbildung 8.3 dargestellt ist.

Nach dem Start als Transaktionsplattform hat sich SAP NetWeaver zunächst weiterentwickelt zu einer Integrationsplattform zur Verzahnung von Anwendungssystemen und Geschäftsprozessen und anschließend zu einer Kompositionsplattform zur Entwicklung serviceorientierter Anwendungen. In der vierten Generation wird SAP NetWeaver als Business Process Platform fungieren.

Die Business Process Platform zielt darauf ab, serviceorientierte Geschäftsanwendungen schnell und flexibel bereitzustellen und auszuführen. Dadurch bieten sich Ihnen folgende, zentrale Möglichkeiten:

- Steigerung der Effizienz von Geschäftsprozessen
- Unterstützung der Differenzierung im Wettbewerb durch individuelle, serviceorientierte Erweiterbarkeit vordefinierter Abläufe und Inhalte
- Erhöhung des strategischen Handlungsspielraums Ihres Unternehmens in der Unterstützung innovativer Geschäftsmodelle durch eine hohe Flexibilität der Geschäftsanwendungen

Mit dem Einsatz von SAP NetWeaver Portal als einer zentralen Komponente von SAP NetWeaver für Ihr Unternehmensportal befinden Sie sich auf dem Entwicklungspfad der SAP, der Ihnen die Realisierung dieser Möglichkeiten erlaubt.

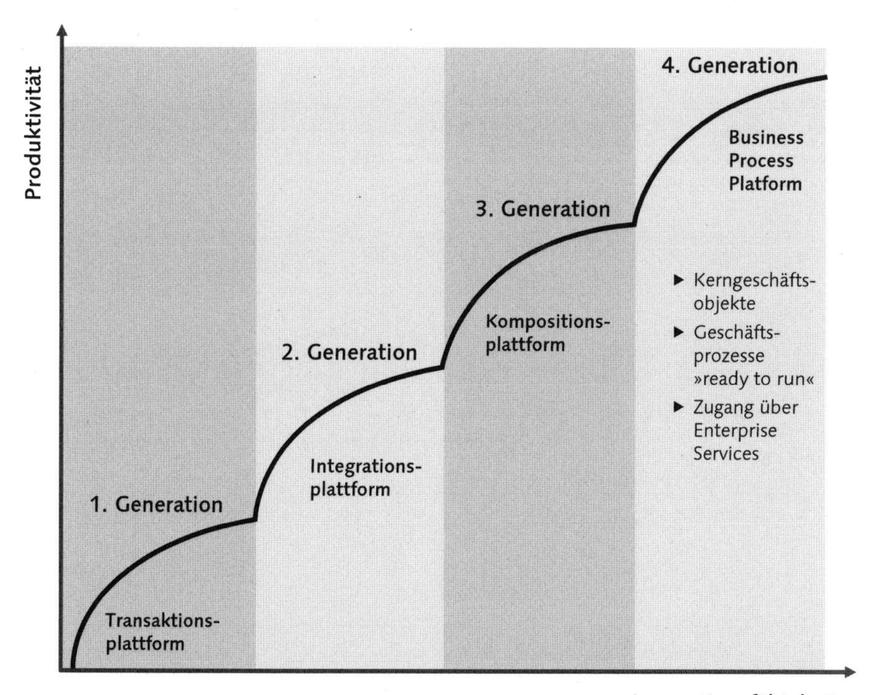

Abbildung 8.3 Evolution von SAP NetWeaver

A Literatur

- **Binder & Company, 2005**
  Binder & Company: *Unternehmensportale in der Praxis – Erfahrungen, Perspektiven,* Empfehlungen. Hamburg, 2005.
- **Bosch, 2005**
  Bosch, Ralf: *Konzernportal eBase – Strategie & Masterplan.* Internes Lufthansa-Dokument, 2005.
- **Bullinger und Scheer, 2005**
  Bullinger, Hans-Jörg; Scheer, August-Wilhelm: *Service Engineering: Entwicklung und Gestaltung innovativer Dienstleistungen.* Springer: Berlin, 2005.
- **CIO, 2005**
  CIO, 2005: *Best Practices erfolgreicher CIOs.* Business Verlag GmbH, 2005. *http://www.cio.de/strategien/methoden/812060/index.html* (April 2006).
- **CIO, 2006**
  CIO, 2006: *Dynamisierung der IT-Architektur ist ein Muss.* Business Verlag GmbH, 2005. *http://www.cio.de/index.cfm?pid=274&pk=814074* (April 2006).
- **Davis, 1989**
  Davis, F. D.: *Perceived useful, perceived ease of use, and user acceptance of information technology.* In: MIS Quartely, 13(3), 1989, S. 318-340.
- **Föcker und Lienemann, 2000**
  Föcker, Egbert; Lienemann, Carsten: *Informationslogistische Dienste für Unternehmensportale.* In: Wissensmanagement, Ausgabe Juni/Juli 2000, S. 18-22.
- **Gartner, 2005**
  Gartner: *Magic Quadrant for Horizontal Portal Products.* Gartner RAS Core Research Note G0012751, 18.05.2005.
- **Grimm, 2004**
  Grimm, Sebastian: *Die Entwicklung des Portalmarktes.* In: *Praxishandbuch Portalmanagement. Profitable Strategien für Internetportale.* Peter Gentsch, Sue Lee (Hrsg.). Gabler: Wiesbaden, 2004; S. 277-295.
- **Großmann und Koschek, 2005**
  Großmann, Martina; Koschek, Holger: *Unternehmensportale – Grundlagen, Architekturen, Technologien.* Springer: Berlin, Heidelberg, 2005.
- **Gurzki et al., 2004**
  Gurzki, Thorsten; Hinderer, Henning; Kirchhof, Anja; Vlachakis, Joannis: *Die Fraunhofer Portal Analyse und Design Methode (PADEM) – Whitepaper.* 2004.
- **Gurzki und Özcan, 2003**
  Gurzki, Thorsten; Özcan, Nergis: *Unternehmensportale – Kunden-, Lieferanten- und Mitarbeiterportale in der betrieblichen Praxis.* Fraunhofer IRB-Verlag: Stuttgart, 2003.
- **IEEE, 1998**
  Institute of Electrical and Electronics Engineers, Inc. (IEEE): *A Guide to Software Requirement Specification – IEEE Standard 830-98.* 1998.
- **META Group, Inc.; 2004**
  META Group, Inc.: *Market Research – Enterprise Portal Deployment Trends.* 2004.
- **Pierre Audoin Consultants PAC GmbH, 2006**
  Pierre Audoin Consultants PAC GmbH: *Integration Platforms Germany 2005 – EAI, Web Services and Portals.* 2006.
- **Porter, 2004**
  Porter, Michael E.: *Competitive Advantage.* Free Press: New York, 2004.
- **SAP und Universität Mannheim, 2004**
  SAP Business Consulting, Universität Mannheim: *Onlinebefragung der Universität Mannheim in Kooperation mit SAP Business Consulting und der Deutschsprachigen SAP Anwendergruppe (DSAG) e.V. zum Thema »Change-Management«.* 2004.
- **Schäffer-Külz, 2004**
  Schäffer-Külz, Ute G.: *Mitarbeiterportale und Self-Service-Systeme.* Datakontext: 2004.

- **Stelzer, 2004**
  Stelzer, Dirk: *Portale – Einführung und Überblick.* In: *Praxishandbuch Portalmanagement. Profitable Strategien für Internetportale*. Peter Gentsch, Sue Lee (Hrsg.). Gabler: Wiesbaden, 2004; S. 3-26.

Index

A

Ablauforganisation 38, 47, 48
- Kernprozesse 48
- Steuerungsprozesse 48
- Unterstützungsprozesse 48

Anforderungen, infrastrukturelle 60
Anforderungsanalyse 58
Anwendungsservice 8
Architektur 49
Architekturmanagement 46
Aufbauorganisation 38, 39, 46

B

Baseline-Effekt 29
Basisservice 56
Berichtswesen 32
Beschaffung 32
Betrieb 46, 50
Bottom-up-Planung 20
Build-Phase 35
Business-Management 46
Business Case 11, 25
Business Development 46
Business Information Management 67
Business Integration 42
Business Pull 47, 55
Business Server Pages (BSP) 68

C

Change Agents 72
Change Management 12, 38, 71
- Analyse 74, 77
- Controlling 75, 77
- Erfolgsfaktoren 71, 74
- Handlungsfelder 73, 76
- Instrumente 76
- Kommunikation 77
- Konzept 75, 77
- Maßnahme 75, 77, 78
- Methoden 76
- Projektphasen 76
- Sofortmaßnahmen 75
- Strategie 73

Cluster 56
Collaboration 30
Collaboration-Portal 8
Consulting 50
Content-Portal 8
Content Management 32
Controlling 44
Custom Development 67

D

Demand-Management 49, 57
Drei-System-Landschaft 69

E

Eco-System 36
Employee Self-Services 16, 72
End-to-End Process Integration 67
Enterprise Services 53
Enterprise Services Architecture (ESA) 53, 54
Entwicklung 46

G

Geschäftsprozess-Roadmap 21
Geschäftsstrategie 16
- Wirkrichtung 16

Governance-Modell 41
Grenznutzen 30

H

HR Self-Services 32

I

Ideencluster 56
Individualservice 56
Informationssystemklasse 8
Infrastrukturservice 8
Integrationsportal 8
interner Zinsfuß 28
Internet Transaction Server (ITS) 68
IT-Architektur 18
IT-Governance 18
IT-Kosten 27
IT-Organisation 18
IT-Practices 67
IT-Sourcing 18
IT-Strategie 17
ITIL 62

K

Kapitalwertmethode 28
Klassifikationsmerkmal
- funktionaler Schwerpunkt 8
- Offenheit 10
- Wertschöpfungskette 10
- Zuordnung zu Informationssystemklassen 8

Knowledge Management 30, 32
Kommunikation 49, 77
Kommunikationsmaßnahmen 78
Kostenmanagement 33
Kundenportal 9

L

Lastenheft 58
Leistungsverrechnung 60
Leuchtturmeffekt 43
Lieferantenportal 9
Linienorganisation 36
Lock-in-Effekte 44

M

Mandanten 69
Marketing 46, 49, 60
Mehrwertservice 56
Mitarbeiterportal 9

N

Networking Effect 30
Nutzen, Definition 26
Nutzenberechnung 28
Nutzenbeschreibung, Merkmalspaare 27
Nutzendimensionen 25
Nutzeneffekt
  monetärer Effekt 26
  Nutzenvorteil 26
Nutzenidentifikation 26
Nutzenrealisierung 30

O

Ökosystem 36

P

PARIS-Prinzip 51
Personalentwicklung 32
Pflichtenheft 58
Plan-Phase 35
Portal
  Definition 7
  horizontales 10
  Klassifikationsmerkmale 7
  unterstützende Rolle 19
  vertikales 10
  vorantreibende Rolle 19
Portal-Roadmap 19
  Bereichssicht 20
  langfristige 20
  Planungsebenen 19
  Unternehmenssicht 20
Portal@Home 21
Portalarchitektur 11, 46
Portalentwicklung 21
Portal Governance 41
Portalinitiative 11
Portalprogramm 11, 73, 78
  Ablauforganisation 48
  Baseline-Effekt 29
  Controlling 44
  dezentraler Ansatz 23
  Einzahlungsstrom 29
  Erfolgskennzahlen 45
  fachlich getrieben 23
  Geschäftsmodell 39
  Nutzenrealisierung 30
  operative Funktionen 37, 45
  Schneeballeffekt 29
  strategische Funktionen 37
  technologiegetrieben 23
  zentralistischer Ansatz 22
  Zielmatrix 18
Portalservice
  Kapselung 55
  Kundennutzen 55
  Ortsunabhängigkeit 55
  Verantwortlichkeit 55
Portalstrategie 11, 13, 14, 49
  Entwicklungsprozess 15
  Motivation 13
Portalvision 15, 71
Portfoliomanagement 41, 49, 57
Preispolitik 17
Professional Services 50
Programm-Management 35, 61
  Funktionen 36
  Ökosystem 36
Programmorganisation 36
Projektmanagement 32, 35
Prozesskarte 50
Prozesskosten 27
Prozessportal 8

Q

Quick win 44

R

RACI-Prinzip 51
Realisierung 50
Release-Management 50
Remote-Inhalt 69
Requirements Engineering 50
Return on Investment (ROI) 16, 28
Risikomanagement 44
Roll-out-Management 50, 51
Roll-out-Plan 43
Roll-out-Szenario 44
  horizontaler Ansatz 43
  kombinierter Ansatz 44
  vertikaler Ansatz 43
Rollenmodell 38, 51
  Verantwortlichkeitsmatrix 51
Run-Phase 35

S

SAP Auto-ID Infrastructure 65
SAP Corporate Portal 42, 44
SAP Knowledge Management 73
SAP NetWeaver 47, 54, 65
  Business-Map 67
  Komponenten 65
SAP NetWeaver Application Server 65
SAP NetWeaver Business Intelligence 30, 65
SAP NetWeaver Exchange Infrastructure 65
SAP NetWeaver Mobile 65
SAP NetWeaver Portal 10, 26, 40, 55, 65, 66
  Architektur 67
  Architekturdesign 69
  Grundelemente 66
  Integrationsgrad 68
  IT-Practices 66
  Zielsetzungen 13
SAP Portal Value Profiler 31
  Methodik 31
Schulung 50
Self-Service-Szenario 29, 43, 71
Service-Broker 53
Service-Engineering 11, 53, 54
  Demand-Management 57
  Ideenbewertung 57
  Ideencluster 56
  Ideenfindung 55
  Kostenarten 62
  Leistungsabrechnung 62
Servicedefinition 55
Servicedesign 57, 58
Serviceeinführung 61
Serviceentwicklung 59
Servicemanagement 62
Serviceverantwortliche 59
Shared Information Governance Model 42
Single Point of Entry 71
Skalierung 30
SOAP 53
Sofortmaßnahmen 75

Steuerungsstrategien 22, 23
Styleguide 58
Support 46, 50
Systemlandschaften 69

T

TCO-Modell 33, 69
Technologie-Roadmap 21
Technologieakzeptanz 76
Technologiekonvergenz 19
Technology Push 47, 55
Testphase 61
Top-down-Planung 20
Training 46, 50

U

UDDI 54
Unternehmensportal 7
  Definition 7
  funktionale Ebene 16
  horizontale Ausdehnung 14
  Kernprozesse 50
  Steuerungsprozesse 49
  technologische Ebene 16
  Unterstützungsprozesse 50
  vertikale Ausdehnung 14
  zeitliche Ausdehnung 14
  Zielgruppen 9
  Zielsystem 17
User-Interface-Design 46

W

Web Dynpro 68
Webservices 53
WSDL 54

X

XML 53

Z

Zwei-System-Landschaft 69

Bibliografische Information der Deutschen Bibliothek
Die Deutsche Bibliothek verzeichnet diese Publikation in der Deutschen Nationalbibliografie; detaillierte bibliografische Daten sind im Internet über http://dnb.ddb.de abrufbar.

ISBN 3-89842-972-5
ISBN13 978-3-89842-972-6

1. Auflage 2006

Lektorat Stefan Proksch
Korrektorat Mirja Werner
Einbandgestaltung und Layout Vera Brauner
Herstellung Iris Warkus
Satz SatzPro, Krefeld
Druck und Bindung Bercker Graphischer Betrieb, Kevelaer

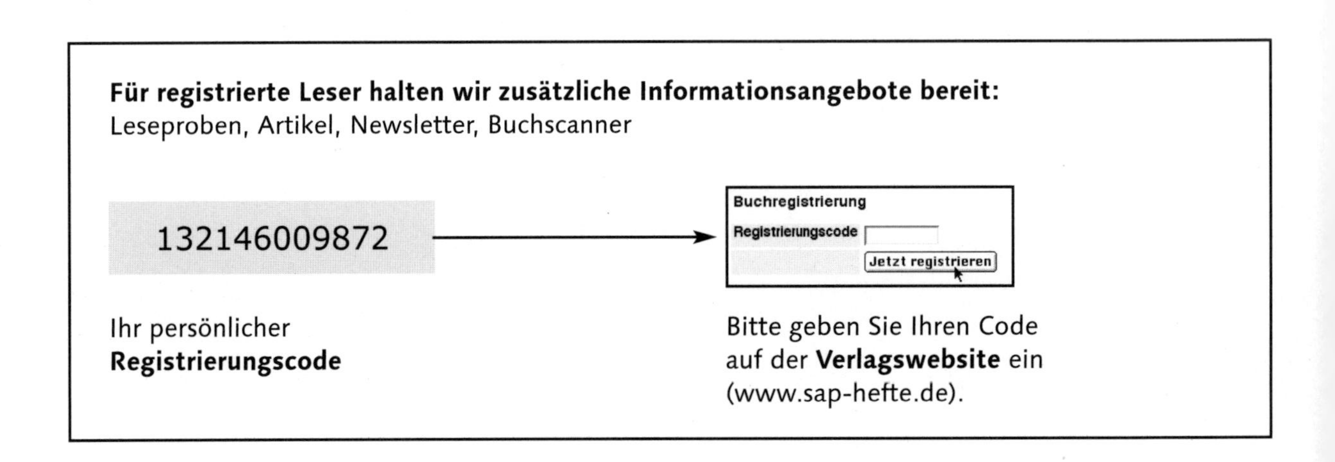

Sagen Sie uns, was Sie interessiert!

Denn wir möchten Ihnen das Spezialwissen anbieten, das Sie brauchen.

Als Dankeschön erhalten Sie 10 % Rabatt auf den Kauf Ihres nächsten SAP-Heftes.

Ihr Galileo-Team

Und so geht's: Fragebogen vollständig ausfüllen.

Entweder
- Gewünschtes SAP-Heft eintragen, Fragebogen abschicken. 10% Rabatt werden Ihnen auf das bestellte SAP-Heft berechnet.

Oder
- E-Mail-Adresse für Zusendung Ihres Bonuscodes angeben. Bonuscode bei der nächsten SAP-Hefte-Bestellung in unserem Webshop im Warenkorb eintragen. 10% Rabatt werden dann im Warenkorb berechnet.

Der Fragebogen kann nur einmal eingesendet werden und der Rabatt ist ausschließlich für den Kauf eines SAP-Heftes gültig.

1. Welche Themen interessieren Sie?

Technische Themen:
- ☐ ABAP-Programmierung
- ☐ Administration
- ☐ Anwendungsintegration
- ☐ Archivierung
- ☐ BAPI-Programmierung
- ☐ Change Management
- ☐ Data Warehousing
- ☐ Hardware
- ☐ Implementierung
- ☐ IT-Management
- ☐ Java-Programmierung
- ☐ NetWeaver-Technologie
- ☐ Web Dynpro
- ☐ SAPscript und Smart Forms
- ☐ Sicherheit
- ☐ Web-Entwicklung, ITS
- ☐ Webflow/Workflow
- ☐ Webservices
- ☐ xApps/CAF
- ☐ Validierung

sonstige ____________________

Betriebswirtschaftliche Themen:
- ☐ Business Intelligence
- ☐ Branchen
- ☐ Controlling
- ☐ Finanzwesen
- ☐ Kundenbeziehungen/Marketing
- ☐ Logistik/Supplier Relations
- ☐ Mittelstand
- ☐ Personalwesen
- ☐ Produktion
- ☐ Projektmanagement
- ☐ Prozessmanagement
- ☐ Reporting
- ☐ Strategie, Planung und Analyse
- ☐ Vertrieb

sonstige ____________________

2. Zu welchen Themen wünschen Sie sich ein SAP-Heft?

____

____

____

____

3. Wofür nutzen Sie SAP-Fachinformationen?
- ☐ Konkrete Anwendungsfragen
- ☐ Verständnis von Grundlagen und Konzepten
- ☐ Vertiefung von Schulungswissen
- ☐ Ergänzung zu Support- oder Beratungsangeboten
- ☐ Entscheidungsfindung
- ☐ Informationen zu SAP-Trends

sonstige ____________________

4. Welche Funktion haben Sie im Unternehmen/Projekt?
- ☐ Administrator
- ☐ Entwickler/Programmierer
- ☐ IT-Manager
- ☐ Berater Business
- ☐ Berater Technik
- ☐ Controller
- ☐ Projektleiter
- ☐ Abteilungsleiter
- ☐ Geschäftsleitung/Vorstand
- ☐ Power-User
- ☐ Fachanwender
- ☐ Trainer

sonstige ____________________

5. In welcher Branche arbeiten Sie?
- ☐ Anlagenbau, Maschinenbau
- ☐ Aus- und Weiterbildung
- ☐ Banken/Finanzdienstleister/Versicherungen
- ☐ Chemie/Pharma/Biotechnologie
- ☐ Datenverarbeitung
- ☐ Elektrotechnik, Elektronik
- ☐ Fahrzeugbau, KFZ-Zulieferer
- ☐ Handel
- ☐ Immobilien
- ☐ Konsumgüter
- ☐ Luft- und Raumfahrt
- ☐ Medizintechnik, Gesundheit
- ☐ Medien (Film, Funk, TV, Verlag)
- ☐ Öl & Gas
- ☐ Öffentlicher Dienst
- ☐ Telekommunikation
- ☐ Transport und Verkehr
- ☐ Unterhaltung und Touristik
- ☐ Unternehmensberatung

sonstige ____________________

6. Mit welchem SAP R/3-Release arbeiten Sie zur Zeit?
- ☐ < R/3 4.6
- ☐ R/3 4.7
- ☐ R/3 4.6
- ☐ mySAP ERP

7. Welche SAP R/3-Applikationen nutzen Sie hauptsächlich?
- ☐ Asset Management (AM)
- ☐ Controlling (CO)
- ☐ Cross-Application Components (CA)
- ☐ Financial Accounting (FI)
- ☐ Human Resources (HR)
- ☐ Logistik (LO)
- ☐ Materialwirtschaft (MM)
- ☐ Produktionsplanung (PP)
- ☐ Qualitätssicherung (QM)
- ☐ Sales and Distribution (SD)

sonstige ____________________

8. Mit welchen SAP-Lösungen befassen Sie sich zur Zeit oder in den nächsten 12 Monaten?
- ☐ Branchenlösungen
- ☐ Business Information Warehouse
- ☐ Customer Relationship Mgmt.
- ☐ E-Procurement
- ☐ Financials
- ☐ Adobe Interactive Forms
- ☐ Human Resources
- ☐ Knowledge Management
- ☐ Master Data Management
- ☐ Mobile Business
- ☐ mySAP ERP
- ☐ Portal
- ☐ Product Lifecycle Management
- ☐ Supply Chain Management
- ☐ Technologie (NetWeaver)
- ☐ Workflow
- ☐ xApps

sonstige ____________________

9. Welche Websites zu SAP-Themen besuchen Sie regelmäßig?
- ☐ www.sap-info.de
- ☐ www.dsag.de
- ☐ www.abapforum.com
- ☐ www.dv-treff.de
- ☐ http://searchsap.techtarget.com
- ☐ www.sap-press.de
- ☐ www.sap-hefte.de

sonstige ____________________

10. Welche SAP-Messen besuchen Sie?
- ☐ DSAG-Kongress
- ☐ TechED
- ☐ SAPPHIRE

sonstige ____________________

____

☑ Hiermit bestelle ich folgendes SAP-Heft mit 10% Rabatt:

____

Bestell-Nr., Titel

Lieferung zzgl. Versandkosten. Rechnung liegt bei. Änderungen und Irrtümer vorbehalten.

E-Mail-Adresse für Ihren Bonuscode:

____

☐ Ja, ich will den E-Mail-Newsletter zu SAP-Themen!

Sie werden monatlich über die Neuerscheinungen zu SAP-Themen per Mail informiert – unverbindlich und jederzeit abbestellbar.

Absender

Frau ☐ Herr ☐ ____________________

Name ____________________

Vorname ____________________

Firma ____________________

Straße ____________________

PLZ, Ort ____________________

Telefon ____________________

Jetzt abschicken

Fax: 01802.40 20 80

Post:
Galileo Press
Rheinwerkallee 4
53227 Bonn

Oder online ausfüllen

www.sap-hefte.de/fragebogen

Vielen Dank für Ihre Unterstützung!

Ihr Galileo-Team

www.sap-hefte.de

Bitte freimachen falls Marke zur Hand

Antwort

Galileo Press GmbH
Rheinwerkallee 4
53227 Bonn

Versenden Sie den Fragebogen wie folgt:

1. Den unteren Teil an der gestrichelten Linie nach hinten falten.
2. Den oberen Teil darüber falten.
3. Zukleben und versenden.

www.sap-hefte.de